한국인만 알아듣는 영어
외국인도 알아듣는 영어

한국인만 알아듣는 영어
외국인도 알아듣는 영어

초판 1쇄 인쇄 2017년 9월 5일
초판 1쇄 발행 2017년 9월 10일

지은이 백승훈(Joseph.B)
펴낸이 김휘중
펴낸곳 위즈플래닛
주소 서울시 양천구 목동 923-14 현대드림타워 1307호
   경기도 고양시 일산서구 덕산로195 114-3(물류·신한전문서적)
대표전화 070-8955-3716(교재 문의) / 031) 919-9851(교재 주문)
대표팩스 031) 919-9852   **이메일** proness@naver.com
출판등록 2012년 7월 23일 제2012-25호
정가 15,000원
ISBN 979-11-88508-01-3 13740
인스타 https://www.instagram.com/wizplanet_book

기획/진행 최동진   **교정/교열** 백승훈, 최동진
표지/내지 디자인 디자인뮤제_신묘순

Published by Wiz Planet, Inc. Printed in Korea
Copyright ⓒ 2017 by 백승훈 & Wiz Planet, Inc.

이 책의 저작권은 백승훈과 위즈플래닛에 있습니다.
이 책은 저작권법에 의해 보호를 받는 저작물이므로 무단 복제 및 무단 전재를 금합니다.
※ 잘못된 책은 바꾸어 드립니다.

한국인만 알아듣는 영어

외국인도 알아듣는 영어

백승훈(Joseph.B) 지음

위즈플래닛
Wiz Planet

PROLOGUE

한국인은 아침마다 영어로 성희롱한다?

이게 도대체 무슨 말인지 궁금하시죠? 설마 필자가 영어를 사용하는 한국인을 비하하는 것이라고 생각하시는 분은 없으시죠?

영어로 아침인사는 "굿 모닝"입니다. 아마도 이건 다섯 살 된 꼬마아이도 알 거예요. 그러나 실제 영어로 하는 아침인사는 "굿 모닝"이 아닙니다.
"굿 모닝"을 다시 발음 나는 대로 영어로 써보면,

"Good moning" 혹은 "Good moaning" 정도가 되겠네요.

'moning'이나 'moaning'이 어떠한 뜻도 없이, 그저 스펠링을 나열한 것에 불과하다면 문제될 게 없겠지만, 매우 아쉽게도 'moaning'은 '신음하다, 앓는 소리'라는 뜻을 가지고 있는 또 다른 영어단어랍니다. 다시 말해, "굿 모닝 = Good moaning = 좋은 신음소리"가 되는 거죠.

"그게 뭐 어때서? 여기는 한국이야. '굿 모닝'이라고 하면 다 알아들어!"

네, 한국에서 6개월 이상 거주한 영어권 외국인이라면 이해할 것입니다. 한국에는 콩글리시가 있다는 걸 알게 되기 때문이겠죠.

그런데 분명히 아셔야 할 점은 그 외국인들이 콩글리시를 이해하는 것이지, 잘못된 콩글리시 발음이 맞다고 인정하는 것이 아니라는 점입니다.

아침마다 "굿 모닝"이라고 하며 신음소리를 찾아도, 사는데 아무런 문제가 없긴 합니다만, 필자는 좀 더 나은 영어발음을 구사하길 원하는 분들을 위해 이 책을 펴낸 것이니, 콩글리시의 정통성을 대대손손 물려주실 분들은 책을 덮어주시기 바랍니다.

예를 들어, 영어권 나라의 영부인이 한국을 방문했다고 가정해 보세요. 그리고 누군가가 자신 있게 큰소리로 "굿모닝"이라고 한다면, 통역관이나 보좌관이 "한국은 r 발음이 없기 때문에 발음이 moaning으로 되는 것이지만 원래는 아침인사인 morning을 발음한 것이니 이해하셔야 합니다"라고 친절하게 설명해줄 사람은 단 한 명도 없을 거라 생각됩니다. 다시 말해, 이러한 일이 벌어진다면 곧 전 세계에는 "영부인에게 첫인사가 성희롱이었다"라고 대서특필 되는 일이 벌어질 지도 모른다는 말이지요.

그렇다면 "Good morning"은 어떻게 발음해야 하는 것일까요? 또한, 우리들은 얼마나 많은 오해를 불러일으키는 발음들을 하고 있을까요?

나는 배운 대로 영어로 잘 말하고 있는데, 외국인이 본인의 영어를 알아듣지 못해

당혹스러웠던 적이 있으신가요? 학교에서, 학원에서 수많은 영어수업과 교재를 통해 많은 시간을 소비해가며 배운 영어가 실제 외국인과의 대화에서 무용지물이 되어 버린 경험이 있으신가요?

콩글리시가 아닌 잉글리시 발음이 필요한 분들.
영어공부를 위해 해외 어학연수를 준비하는 분들.
직장에서 어학 스트레스로 괴로움을 겪고 있는 분들.
유치원에 다니는 자녀분들에게 역으로 발음 교정을 받는 학부모님들.
자녀의 어학연수를 위해 해외 이민을 고민하시는 분들…….

이런 분들께 저는 지난 10년간 준비해 온, 단기간에 원어민의 영어발음을 구사할 수 있고 알아들을 수 있는 방법을 알려드리고자 합니다. 또 하나, 아시다시피 언어와 사랑 그리고 요리는 글만으로는 익히는 데 많은 어려움이 있죠? 그래서 QR Code에 동영상을 실었습니다. 본인의 발음이 맞다고 생각하셔도 꼭 QR Code를 확인하시고 동영상을 보며 따라해 주시길 바랍니다.

부디, 여러분들께 조금이라도 도움이 되길 진심으로 바랍니다.

CONTENTS

프롤로그

Part 1 영어를 잘해도 외국인이 알아듣지 못하는 이유
- ★ 한국인만 이해할 수 있는 콩글리시 ·· 010
- ★ 일단 한국에서 배운 대로 무작정 읽어봐 ·································· 013

Part 2 영어발음의 핵심! 꼭 알아야 할 포인트
- ★ 엥, 잉, 엉, 응 발성연습 ·· 020
- ★ 똥구멍, 쥐꼬리, 본명? ·· 023
- ★ 알파벳 26자의 비밀 ··· 026
- ★ 소름 끼치게 중요한 3성음 ·· 100
- ★ 외계어 같은 발음기호 ·· 103

Part 3 영어발음의 완성! 보완하면 더 좋은 고급 정보
- ★ 헷갈리는 알파벳 확실히 구분하기 ·· 116
- ★ 알아두면 좋은 신체부위 ··· 139
- ★ 전 세계가 사용하는 숫자 ·· 150
- ★ 시간과 관련된 표현 ··· 156
- ★ 전화와 관련된 표현 ··· 163
- ★ 그 외 다양한 숫자 표현 ·· 166

Part 4 완벽한 원어민 발음 구사하기
- ★ 관사 앞에, 전치사 앞에 ·· 170
- ★ 배운 대로 읽어보자 ··· 176

에필로그

인생

인생이란 결코 공평하지 않다. 이 사실에 익숙해져라.
Life is not fair; get used to it.

– 빌 게이츠(Bill Gates) 마이크로소프트의 창업자 –

01
영어를 잘해도 외국인이 알아듣지 못하는 이유

한국인만 이해할 수 있는 콩글리시
일단 한국에서 배운 대로 무작정 읽어봐

한국인만 이해할 수 있는 콩글리시

우리는 수십 년 동안 영어라는 것을 배워 왔습니다. 참으로 지긋지긋했죠. 그래서 영어와 담을 쌓고 살아온 분들이 참 많을 거예요.

하지만 우리가 살아가면서 영어라는 건 떼려야 뗄 수 없는 동전의 양면과도 같은 존재라는 건 누구나 아는 사실일 겁니다.

그래서 이제라도 다시 뒤적뒤적 영어회화책을 보시는 거겠죠.

2~3개월 영어회화 공부를 하다가 접고, 또다시 마음을 다잡고 1~2개월 하다가 포기하고…… 지치시죠?

"아는 단어와 문장도 많고, 잘나가는 어학원도 1년 이상 다녀봤고, 심지어 토플도 만점인데, 왜? 외국인은 내가 하는 말은 이해하지 못하는 걸까요? 난 완벽한데 말이죠." 이런 분들도 많으시죠?

유치원부터 거진 15년간을 누군가가 만들어준 그 무엇보다 체계적이고 멋진 영어교육을 받았는데도, 외국인과의 대화가 깔끔하지 않은 이유는 무엇일까요?

얼마 전에 대형서점을 갔었습니다.

발음 교정한다고 단어 하나씩 교정해주는, 그것도 친절하게 모든 단어와 문장을 한국말로 나열해 놓았더군요.(Actually I love you = 엑춰얼리 아이러 비유) 이런 식으로 말이죠. 그 말은 즉, 모든 영어 단어와 문장을 그런 식으로 익혀야 한다는 말인데요, 발음 익히는 데만, 3년 정도 걸릴 것 같더라고요. 이게 말이나 되는 소리입니까?

어느 세월에 단어 하나하나를 다 교정 받으시려는 건지……

그러다가 영어가 싫어지고, "아 영어는 너무 어려워~!", "영어는 아무나 하는 게 아니야~!"라고 포기해 버리게 됩니다.

가르치는 사람들의 첫 번째 자세는 영어뿐만 아니라 본인의 가르침으로 인해 누군가가 배움에 어려움을 느끼게 하고 싫어지게 하는 상황이 벌어지면 안 되게 하는 것이라 생각됩니다.

몰라서 배우는 것을 본인의 유식함을 자랑하듯 생소한 단어나 온갖 전문 용어를 갖다 붙여서 설명하는 것이 과연 가르치는 사람으로서 할 짓일까요? 라고 생각해 봅니다.

도대체 발음이 뭔지, 뭐 때문에 알아듣지 못하는 건지, 참으로 답답하고 얄미워서 꼬집어주고 싶을 겁니다.

사실, 문제는 바로 '기초'에 있습니다.

기초? 영어의 기초는 무엇일까요?

네, 알파벳입니다.

다시 말해, 영어를 잘해도 외국인이 알아듣지 못하는 이유는 영어의 기초인 '알파벳'과 영어 '발성법'을 잘못 배웠기 때문입니다. 그게 이유죠.

이제야 조금 후련하네요. 이 말을 얼마나 하고 싶었는지 모릅니다.
이렇게 간단한 말을 돌려 말하려니 아주 답답해서 혼났네요.

그렇습니다. 우리는 어릴 적부터 잘못된 영어의 기초인, 알파벳의 이름과 길이, 발성을 배웠습니다. 그래서 말해도 못 알아듣고, 들려도 뭐라고 하는지 못 알아들었던 것이죠.

이젠, 콩글리시가 아닌 진짜 영어로 스트레스 받지 않고 외국인과 소통할 수 있도록, 영어의 기초부터 새로 배워 보도록 해요.

일단 한국에서 배운 대로
무작정 읽어봐

점점 좋아지는 영어발음을 증거로 남기기 위해 다음 페이지에 있는 알파벳과 단어, 문장들을 큰 소리로 읽고 녹음해 놓으세요. 지금까지 배운 대로 발음하시면 됩니다. 큰 소리로, 그렇다고 목이 찢어져라 소리 낼 필요는 없고, 녹음한 것을 들었을 때 명확히 잘 들릴 정도로 크게 소리 내어 녹음해 보아요. 그리고 오늘 날짜와 시간도 꼭 함께 녹음해 두세요.

다음 페이지에 나열된 문장들이 다소 지루하고 의미 없는 문장들처럼 보일 수 있지만, "간장공장 공장장은 간공장장이고……"처럼 발음하기 어려운 단어들로 이루어진, 발음연습용 문장들이랍니다. "Tongue twister"라고 하죠.

자, 그럼 시작해 볼까요?

소리 내서 연습해 보세요.

A B C D E F
G H I J K
L M N O P Q
R S T U
V W X Y Z

rugby [rʌ́gbi]
rabbit [rǽbit]
rain [réin]
read [ríːd]
red [réd]

later [léitər]
love [lʌ́v]
lake [léik]
like [láik]
left [left]

page [péidʒ]
paper [péipər]
park [páːrk]
pink [píŋk]
pride [práid]

face [féis]
far [fáːr]
finger [fíŋgər]
flower [flàuər]
fun [fʌ́n]

victory [víktəri]
very [véri]
visit [vízit]
video [vídiòu]
violin [váiəlín]

bank [bǽŋk]
band [bǽnd]
base [béis]
bear [bɛ́ər]
book [búk]

PART 01_영어를 잘해도 외국인이 알아듣지 못하는 이유

1. The ugly duckling arrived at the lake to take a rest.

2. She started boiling mushroom porridge for dinner.

3. The girl came back home very angrily, so they hid behind a curtain very quickly.

4. My brother can speak 5 different languages perfectly.

5. She returned to the restaurant because she left her family's return tickets to Italy for their holiday.

6. Suddenly, the giraffe and the elephant started running, because mice were following them.

7. Finally, my uncle's friends left from my father's building.

8. We heard on the grapevine that you are going to buy a trillion brilliant grapevines.

9. Please do not leave a footprint in the snow, even a fingerprint.

10. I have to get a DVD instead of a video tape, because I don't have a video player anymore.

11. I like the color purple, so I enjoy drinking purple coffee and vinegar flavored chips.

12. My girlfriend's great grand mother's birthday is the fifth or the sixth of February, probably.

확실한 비교를 위해 지금의 발음을 증거자료로 남긴 것이니, 이 책을 다 읽기 전까지는 절대로 녹음한 파일을 삭제하지 마세요. 책을 다 읽은 후 교정된 발음과 비교해 본다면, 그동안 내가 얼마나 잘못된 발음으로 영어를 하고 있었는지 알 수 있을 거예요.

이 책을 다 읽고 가르쳐드린 대로 잘 숙지한다면, 머지않아 영어발음이 좋다는 말을 한 번쯤은 들어보시게 될 거라 장담합니다.

인생에 있어 가장 중요한 순간은 바로 지금입니다.
세상에 공짜란 없죠? 무슨 일을 하든, 열정과 끈기가 없다면 얻을 수 있는 건 하나도 없습니다.

독자 여러분, 열정을 가지고 파이팅 해보아요~!

희망

어릴 적 나에겐 정말 많은 꿈이 있었고, 그 꿈의 대부분은
많은 책을 읽을 기회가 많았기에 가능했다고 생각한다.

*I really had a lot of dreams when I was a kid, and I think a great deal
of that grew out of the fact that I had a chance to read a lot.*

— 빌 게이츠(Bill Gates) 마이크로소프트의 창업자 —

02
영어발음의 핵심!
꼭 알아야 할 **포인트**

엥, 잉, 엉, 응 발성연습
똥꾸멍, 쥐꼬리, 본명?
알파벳 26자의 비밀
소름 끼치게 중요한 3성음
외계어 같은 발음기호

엥, 잉, 엉, 응
발성연습

    영어발음 교정을 시작하기 전, 배워야 할 가장 중요한 것은 발성연습입니다. 한국어는 '혀'와 '입 모양'으로 소리를 만들지만, 영어는 '목구멍'과 '혀' 그리고 '입 모양'으로 소리를 만들어낸답니다.

    그래서 한국어를 발음하는 방식으로 영어를 발음하면, 그저 한국인만 알아들을 수 있는 제2의 한국어, 콩글리시가 될 수밖에 없는 것이죠.
    그렇다면 어떻게 발성을 해야 영어발음을 제대로 낼 수 있을까요?
    영어발음을 하기 위해선 먼저 목구멍 사용하는 법을 배워야 합니다.

    영어발음을 위한 발성의 기본자세에는 두 가지가 있는데 그 중 첫 번째가 "엥, 잉, 엉, 응"입니다.

    "엥, 잉, 엉, 응"을 소리 내보세요.

이 소리들은 혀의 뿌리로 목구멍을 막아서 내야 하는데요, 이렇게 혀의 뿌리로 목구멍을 막아서 내는 소리가 영어발음의 기본적인 발성입니다. "엥, 잉, 엉, 웅"을 충분히 연습했다면, 영어발음의 두 번째 기본자세로 넘어가 보아요.

두 번째 기본자세는 "엑, 익, 억, 읔"인데요.
"엑, 익, 억, 읔"은 목의 떨림으로 소리가 납니다.
발음을 해보면 아시겠지만, "엑, 익, 억, 읔"은 뚝뚝 끊어지지만 목구멍을 막은 상태에서도 부드럽게 나는 소리입니다.

기본적인 발성연습은 길게 소리 내는 장음(長音)과 디자이너 故 앙드레 김 선생님의 발음을 모방한 '앙드레 창법'을 연습하는 데에도 도움을 주는데요, 영어발음 교정을 위해 반드시 익혀야 하는 부분입니다.

'앙드레 창법'이란?
디자이너 故 앙드레 김 선생님 성대모사를 하는 것처럼 "엉~~~ 응~~~" 소리를 내보세요. 이때, "엑, 익, 억, 읔"처럼 목구멍을 막고 소리를 내는 게 아니라, 소리를 일부러 내려 하지 말고 한숨을 쉬듯 바람을 빼주면서 자연스러운 떨림을 느껴보세요. 이게 바로 '앙드레 창법'이지요. 발음이 잘 안 되는 분들은 될 때까지 "엥, 잉, 엉, 웅"을 앙드레 창법으로 연습해 보세요. 혀 짧다고 안 되는 건 절대 아니니 변명은 안 통합니다.
참고로 우리가 알고 있는 혀 짧은 소리는 혀가 길어야 나는 소리입니다. 혀가 길어 아랫니 뒷부분에 닿기 때문에 짧은 소리가 나는 거지 결코 혀가 짧아서가 아니랍니다.

두 가지 기본자세를 충분히 익히셨다면, 발음연습을 조금 더 해볼까요?

이번엔 우리의 고유 무술인 '택견'의 기합소리를 내볼게요.
택견하는 사람들을 보면 보통 "이크, 에크"라는 소리를 내죠?
"엑, 익, 억, 윽"으로 택견의 기합소리를 5회 정도 연습해 보세요.
택견 기합소리를 연습하는 이유는 곧 알게 될 거예요.
이것은 기억하기 쉽게 '택견 마무리'로 이름 짓겠습니다.

영어발음을 위한 기본자세 두 가지 "엥, 잉, 엉, 웅"과 "엑, 익, 억, 윽".

이 두 가지 연습이 익숙해졌다면, 영어발음 교정이 50%는 이루어진 것이라고 자신 있게 말씀드릴 수 있습니다. 너무 성급한 것이 아니냐고요? 필자가 이렇게 말씀드린 이유는 이 책을 다 읽고 난 후에 저절로 알게 될 겁니다.

똥꾸멍, 쥐꼬리, 본명?

영어발음을 위한 혀의 기본자세 두 가지, "엥, 잉, 엉, 응"과 "엑, 익, 억, 윽"이 자연스러워졌다면, 이제 '삼위일체'라는 것을 배워 보겠습니다.

삼위일체(三位一體)란, 말 그대로 세 가지 요소가 통합되어 있다는 말인데요. 지금부터 삼위일체의 세 가지 구성요소를 소개하겠습니다.

첫 번째 요소: 입 모양

"땅 구멍"을 소리 내서 말해보세요. 그리 큰 어려움은 없을 것입니다.

이번엔 입 모양을 "오"로 고정한 상태에서 절대 움직이지 마시고 방금 전과 같이 크게 "땅 구멍"이라고 해보세요.

"땅 구멍"이라는 단어 대신 민망한 단어인 "똥구멍"이라고 소리가 났을 겁니다. 왜 그런 민망한 소리가 났을까요? 머리에선 분명 "땅 구멍"이라고 했는데 의지와 상관없이 "똥구멍"이라는 소리가 난 것은 입 모양 때문이겠죠? 이처럼 입 모양은 발음을 하는 데 있어 아주 중요한 요소 중 하나입니다.

두 번째 요소: 길이

영어는 한국어와는 달리 단음(短音)이 아닙니다. 한국어보다는 약 3배 정도 긴 장음(長音)이기 때문에, 한국어처럼 짧고 절도 있게 소리를 내면 안 되고, 길게 늘여서 강중약으로 강세를 주며 소리를 내야 합니다.

여기서 '강'에서만 소리를 내고 천천히 소리를 줄여줘야 한답니다.
그리고 마지막엔 앙드레 창법으로 부드럽게 떨림으로 마무리해주시면 더 자연스럽게 되겠죠?

쥐꼬리처럼 점점 소리를 줄여줘야 하는데요, 왜 하필 쥐꼬리냐고요?
조금 징그럽긴 하지만 오래 기억하기 위해 선택한 것이니, 불쾌해하지 마세요.

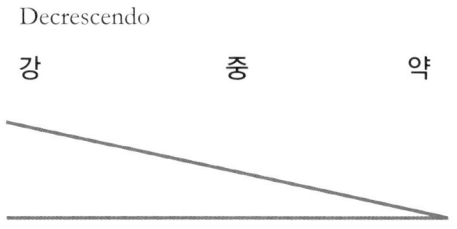

그림처럼 '강' 부분만 소리를 내주고 점점 줄여주는 말입니다.

세 번째 요소: 본명(이름)

무슨 말일까요? 본명이라니……
설마 우리가 알고 있는 알파벳의 이름을 잘못 알고 있는 것일까요?
네~! 그렇습니다.
"저는 태국기를 사랑하는 강냄구 역쌈돈에 사는 항구긴입니다."
눈치를 채신 분들께 필자가 한 마디 해드리고 싶습니다.
사랑합니다~!
'태국기'가 아닌 '태극기'이고, '강냄구 역쌈돈'이 아닌 '강남구 역삼동'이며 '항구긴'이 아닌 '한국인'이 맞겠죠?

무슨 말일까요?
우리는 알파벳을 이런 식으로, 비슷하지만 사실은 완전히 잘못된 이름으로 알고 있었다는 것이죠. 이제 이해가 되시나요?

그럼 지금부터 26개 알파벳의 본명을 배워보도록 하겠습니다.
놀라운 부분들이 많이 나오니 정신 바짝 차리시고 천천히 정독하시기 바랍니다. 임산부와 노약자, 심장이 약하신 분들은 옆에 있는 분의 손을 꼭 잡고 정독하시길 바랍니다.

알파벳
26자의 비밀

　지금까지 우리는 알파벳을 어릴 적에나 배우는 기초단계라고 여겨 중요하게 생각하지 않았습니다. 그러나 좀 더 나은 영어발음으로 영어회화를 구사하기 원하신다면, 무조건 영어의 기초인 알파벳을 다시 제대로 공부하고 연습해야만, 어설픈 영어발음을 고칠 수 있고 비로소 외국인들도 알아듣는 영어를 할 수 있습니다.
　다시 말씀드리지만, 지금부터는 그저 글을 읽을 수 있는 5살짜리 꼬마아이가 되어 주시기 바랍니다.
　생각해 보세요. 순수했던 5살이었을 때를, 엄마 아빠가 알려주시던 한글을 신기하게 배우듯 그렇게 말입니다.
　지금까지 알고 있던 모든 영어 관련 지식과 똥고집, 불평불만은 모두 잠시 내려놓으시고 편안한 마음으로 그냥 즐겨주시기 바랍니다.

일

지금은 비즈니스 세계에 입문하기에 기막히게 좋은 시기다.
왜냐하면 비즈니스 세계는 지난 50년 동안의 변화보다
향후 10년간 훨씬 더 많이 변할 것이기 때문이다.

*This is a fantastic time to be entering the business world,
because business is going to change more in the next 10 years
than it has in the last 50.*

– 빌 게이츠(Bill Gates) 마이크로소프트의 창업자 –

우리나라에서는 "A"를 "에이"라고 목구멍을 연 상태에서 소리를 냅니다. 하지만 앞에서 설명했듯이 한국어와 영어는 발성 자체가 다르므로 혀의 기본 자세인 "엑, 익, 억, 윽" 법칙에 입각하여 "엑"을 발음할 때처럼 혀의 뿌리로 목구멍을 막고 바람을 빼주면서 "에이~"라고 발음해야 합니다.

여기서 주의할 점은 단순히 "에"라는 소리와 "이"라는 소리를 내는 것이 아니라, "에~"라고 소리를 길게 끌면서 입 모양만 "익"의 입 모양으로 아래턱을 조금 올려주면(닫아주면) 자연스러운 "이" 발음이 만들어지고 마지막에는 앙드레 창법으로 마무리를 해주는 것입니다.

그래야 "A"의 진짜 이름을 말할 수 있게 되는 것이죠.

이렇게 긴 설명이 필요했던 "A"의 발음을 그저 단음 "에이"로만 배웠다면 지금이라도 알파벳을 다시 공부해야 합니다. "A"는 앙드레 창법으로 길게 늘이며 발음해야 합니다.

단음에 익숙해져 성격까지 급해진 한국인이 아닌, 이제는 여유와 미소를 품고 살아가는 한국인이 되도록, 제가 그리고 이 한 권의 책이 도와드리겠습니다.

혀의 위치(혀의 기본자세) = "엑"
입 모양 = "엑"의 입 모양처럼 입술을 양 옆으로 찢은 상태
길이 = 3장음으로
이름(소리) = 에이~ (가글하듯)

"B"의 진짜 발음을 배우기 전에, 먼저 아래 나열된 단어들을 소리 내서 읽어 보세요.

"bus, band, bag, beauty"

"버스, 밴드, 백, 뷰티" 정도의 발음이 나왔을 것입니다.

영어 좀 하신다는 분은 마지막 단어를 "뷰리"라고 하셨을 것 같네요.^^

지금까지 우리는 "B"를 단음인 "비"로만 알고 있었습니다.

단음, 즉, 1음이 아닌 3배 정도 긴 3장음으로 길게 발음하려면 어떻게 해야 할까요?

"비~~"라고 길게 늘려주면 되겠죠?

하지만 여기서 끝이 아니죠.

"비~" 앞에 "읍"을 붙여 "읍비~"라는 소리가 나오게 해야 합니다.

"비" 앞에 "읍"을 붙이라는 말은 아마 건국 이래 처음 듣는 말일 수 있는데요. 황당한 마음은 잠시 접어두고 "비" 앞에 "읍"을 붙여서 "읍비~"라고 소리 내보세요.

"읍비~" 이렇게 여러 번 발음해보세요. 여기서 "~" 부분은 위에서의 설명처럼 앙드레 창법으로 마무리를 해주셔야 합니다.

또한 혀의 기본자세인 "익"으로 목구멍을 막고 "읍비~"라고 해주셔야 하는 것이고요.

포인트는 입술 양 옆 꼬리 부분을 쫙쫙 찢어 주셔야 한다는 것입니다.

"익인데 왜 읍비~라고 하나요?"라고 질문하시는 분이 한 분 정도는 있을 것 같아 설명하겠습니다.

다시 읽어 보시면 아시겠지만, 혀의 기본자세 다시 말해 혀의 뿌리 부분을 말하는 것이죠. 혀의 뿌리 부분을 "익"처럼 목구멍을 막는다는 말입니다.

"읍비~"는 입 모양으로 하는 것이겠죠?

혀의 기본자세를 "윽"이 아닌 "익"으로 해줌으로써 입술 양 옆 꼬리를 쫙쫙 찢는 효과도 생긴답니다.

이렇게 5회 정도 소리 내서 연습을 하신 후, 조금 전 그 단어들을 다시 소리 내서 읽어 보시기 바랍니다.

"bus, band, bag, beauty"
"읍버스, 읍밴드, 읍백, 읍비유리"

어떠세요?

"비" 앞에 "읍"만 붙이고 목구멍을 막고 길게 3장음으로 만들었을 뿐인데, 흔히들 보는 미드에서나 나올 법한 영어발음이 만들어지지 않았나요?

우리가 영어발음을 교정 받을 때 단어 하나하나, 문장 하나하나 전부 교정을 받아야 했었죠.

얼마나 많은 시간이 걸릴까요?

그러나 이제는 그럴 필요가 없어졌습니다.

간단하게 B 앞에 "읍"을 붙여주고 혀의 기본자세인 "익" 상태의 입 모양에서 "읍비~"라고 3장음으로 길게 늘려서 발음한다면, "콩글리시"가 아닌 "잉글리시" 발음을 구사할 수가 있고, 많은 시간을 절약할 수 있으며, 더 이상의 스트레스를 받지 않아도 되니, 이 얼마나 기쁜 일이 아니겠습니까?

그래도 사랑과 요리, 그리고 언어는 글로만 배우면 안 되기에 알파벳 하나하나의 발음 소리와 입 모양 등을 동영상으로 이 책에 담았으니 QR Code로 하나씩 확인해 보시기 바랍니다.

혀의 위치(혀의 기본자세) = "익"

입 모양 = "김치"의 입 모양처럼 입술을 양 옆으로 찢은 상태

길이 = 3장음으로

이름(소리) = 읍비~

이름과 혀의 위치와는 무관한 것입니다.

그동안 우리가 알고 있던 "C"의 발음 "씨"는 알파벳 "C"의 발음이 아니고 그저 욕할 때의 발음입니다.

"C"를 제대로 발음하려면 윗니와 아랫니의 위치를 같게 하고 바람 빠지는 소리인 "쓰~"라는 소리를 내다가 "익" 상태로 바꿔주면 "C"의 올바른 발음이 나오게 되죠.

한글로 굳이 표기하자면 "쓰이~" 정도가 되겠군요.

"C" 발음이 제대로 안 되신다면, 기본자세 중 "익"을 발음하면서 입술을 양 옆으로 쫙악 늘린 후, "씨~"라고 발음해보면 더 쉽게 발음을 구사할 수 있을 겁니다.

"C" 말고도 "쓰" 발음이 들어가는 게 있을까요?
"C"의 발음은 "S"가 들어간 단어의 발음에도 활용이 됩니다.

혀의 위치(혀의 기본자세) = 익
입 모양 = "김치"의 입 모양처럼 입술을 양 옆으로 찢은 상태
길이 = 3장음으로
이름(소리) = 씨이~

"D"를 배우기 전에 "D"로 시작하는 단어들 몇 개를 소리 내서 읽어 볼까요?

"dog, dance, dirty, deep"

"도그, 댄스, 더티, 딥"이라고 발음을 하신 분들도 있을 것이고, 위에서 배운 "B"처럼 뭔가를 붙여야 하나 말아야 하나 고민하신 분들도 있을 것입니다.

"D" 어떻게 소리 내야 할까요?
"디~" 이렇게 하면 2장음이기 때문에 3장음으로 만들기 위해선 뭔가를 붙여야겠죠?

그렇습니다. "디" 앞에 "은"을 붙여서 "은디~"라고 해주면 됩니다.

또한 혀의 기본자세인 "윽"으로 목구멍을 막고 "은디~"라고 해주셔야 하며, "~" 이 부분은 꼭 앙드레 창법으로 부드럽게 마무리를 해줘야 한다는 것도 잊지 마세요.

> **여기서 잠깐**
>
> 우리는 삼위일체에서 소리의 길이를 배웠죠. 단음이 아닌 장음 즉, 한 음을 길게 끌어 강중약 순서로 표현했는데요, 성격이 급한 분들은 3장음을 5장음으로 길게 발음해 주세요. 그 이유는 본인은 3장음으로 발음한다고 하지만 다른 사람들이 듣기엔 2장음 정도로밖에 들리지 않기 때문이지요. 성격이 급하시다면 5장음으로 길게 연습하는 습관을 기르도록 하세요.

자, 그럼 배운 대로 단어들을 다시 소리 내어 읽어 보겠습니다.

"dog, dance, dirty, deep"
"D" 앞에는 무조건 "읁"을 붙여야 하니 당연히 D로 시작하는 단어들 앞에도 "읁"을 붙여야겠죠?
또한 이렇게 "읁"을 붙임으로써 자연스럽고 예쁜 발음이 만들어지는 것입니다. 그럼 어떻게 발음이 될지 한글로 표기해 볼게요.
"읁더오우그, 읁댄스, 읁덜티, 읁디잎" 정도의 발음이 만들어졌네요.
이제 더 이상 콩글리시가 아닌 잉글리시 발음이라고 할 수 있겠죠?

이처럼 혀끝이 천장이나 잇몸에 닿는 것을 "치경음"이라고 하는데요
알파벳 하나하나에는 성문음, 경구개치경음, 치경음, 피찰음, 경과음과 같은 전문용어가 있답니다. 보기만 해도 머리가 아프시죠?
너무나도 당연하고 전문적인 용어들이죠. 허나, 우리는 영어언어학이나 음성학을 공부하는 게 아니죠?
그래서 저는 알아야 하지만 발음을 익히는데 결코 필요치 않은 저러한 용어들은 완전히 빼버리겠습니다.

여기서 하나 더, 좋은 소리를 만드는 방법이 하나 있는데요, 공개하겠습니다.
"읁디" 발음을 할 때 혀끝이 윗니 뒷부분에 닿죠? 그 혀끝을 그곳에 대지 말고 조금 더 당겨서 윗니 뒤쪽과 천장 제일 꼭대기와 중간 부분에 혀를 대면서 "디"라고 하면 더욱 자연스러운 발음이 만들어진답니다.

다시 설명하면 윗니 뒤쪽 잇몸에서 1cm 정도 뒤쪽에 혀를 대면 되는 것이죠. 사람마다 조금씩 차이가 있으니 연습을 많이 해보시길 바랍니다.

혀의 위치(혀의 기본자세) = "익"
입 모양 = "김치"의 입 모양처럼 입술을 양 옆으로 찢은 상태
길이 = 3장음으로
이름(소리) = 읃디~

"E"는 "익" 상태에서 목구멍을 막고 강중약에서 "강" 부분에서만 소리를 내준 뒤, 천천히 소리를 줄여주며 앙드레 창법으로 마무리하면 된답니다.
　강중약에서 "강" 부분에만 강세를 주는 건 "E"뿐만 아니라 대부분의 알파벳에도 적용되는 것입니다.

어찌 보면, 지금까지 배운 것 중에서 제일 쉬운 것일 수도 있는데요, "익" 상태에서 "이~~" 이렇게 3장음으로 길게 늘려주면 되는 거예요.
　알파벳은 능숙한 회화를 위한 첫걸음이니, 알파벳 이름의 입 모양과 발음 연습에 주안점을 두고 하나씩 익혀 나갑시다.

혀의 위치(혀의 기본자세) = 익
입 모양 = "김치"의 입 모양처럼 입술을 양 옆으로 찢은 상태
길이 = 3장음으로
이름(소리) = 이~~

이번에도 몇 개의 단어를 소리 내서 먼저 읽어 보도록 할게요.
"fine, fruit, fly, fantastic"
파인, 프룻, 플라이, 팬태스틱.
이걸 다시 영어로 써보면, pine, prut, ply, pantastic이 되겠죠?
완전히 다른 뜻이 돼버린다는 것입니다. 그렇기 때문에 외국인이 "P"와 "F"의 차이를 구분하지 않는 콩글리시를 들으면 이해 불능이 되어버리는 것이죠.

자 그럼 이번엔,
한숨을 쉬어 보세요. "에휴~"
정말 한숨만 나오는 영어발음이죠?
"F"는 한숨을 내쉬면서 소리를 내주는 것입니다.
그럼 자연스럽게 3장음의 길이가 만들어지는데요,

여기서 잠깐

'아까부터 자꾸 3장음이라고 하는데 3장음이 뭐고 어떻게 하라는 거야?'라고 생각하시는 분이 있을 테니 간단히 설명해 드릴게요.
단음이 1초의 길이라면 3장음은 3초의 길이라는 거예요.
3배 정도로 길게 늘리라는 뜻인데요, 그래도 이해가 안 되는 분은 동영상을 참고하시기 바랍니다.

자, 다시 한 번 소리를 내보세요.

"에휴~" 뚝뚝 끊기거나 잘 안 되는 분들은 밀린 카드대금, 회사상사를 생각하며, 한숨을 쉬어 보세요.

아마도 완벽한 한숨소리 "에휴~"가 만들어졌을 겁니다.

이렇게 완벽한 한숨소리 "에휴~"가 완성됐다면, 이번엔 "휴~"라고 바람을 뺄 때 윗니로 아랫입술을 살짝 물면서, "에휴~"라고 해보세요.

어떤 소리가 만들어졌나요?

"에휴~" 소리 대신 "에f~"라고 바람 빠지는 소리가 났다면 "F" 발음을 성공한 것입니다. 여기서 중요한 것은 3장음을 내는 동안 윗니와 아랫입술이 떨어지지 않게 대고 있어야 한다는 거예요.

그동안 우리는 "P = ㅍ = F"라고 발음했죠?
pork = 포크 = fork, pace = 페이스 = face, play = 플레이 = flay
이 단어들이 정말 같은 발음일까요? 당연히 아니겠죠?

"F" 발음은 "P" 발음과 달리 절대로 윗입술과 아랫입술이 닿으면 안 됩니다. "F" 발음을 할 때는 윗니와 아랫입술을 살포시 대고 바람을 빼줘야 한다는 것이 F의 특징이며, 의무입니다.

또한 우리는 영어에는 "ㅃ" 발음이 없다고 알고 있지만, F의 발음이 바로 "ㅃ"의 주인이죠. "와우" 혹은 "설마"라고 하시는 분들이 한두 분은 있으시겠지만, "ㅃ" 발음이 맞습니다.

아직 못 믿는 분들을 위해 소리 내서 읽어 보도록 하겠습니다.

"fine, fruit, fly, fantastic"
"빠인, 쁘룻, 쁠라이, 뺀태스틱" 이렇게 발음을 하셨나요?

잘하셨어요. 그런데 여기서 하나 빠진 것이 있죠?
그렇습니다. "ㅃ"를 발음하면 윗입술과 아랫입술이 닿겠죠?
그러나 "F" 발음은 절대 윗입술과 아랫입술이 닿으면 안 되는 거예요.
그렇다면 이번엔 윗니와 아랫입술을 살짝 붙이고 바람을 빼면서 "빠인"이라고 해보세요. 어떠한 발음이 나왔나요?
뭔가 이상하신 분은 3장음으로 길게 앙드레 창법을 사용하시면서 다시 해 보시기 바랍니다.
혀의 기본자세 "엑" 상태에서 하시는 것 잊지 마시고요.
좋은 발음이 만들어졌나요?
잘하셨습니다만, 완전한 발음은 아닌 것이죠. 왜냐? 우리가 아직 Fine에서 "I"를 배우지 않았기 때문이랍니다. 무슨 말인지 이해가 안 되시죠? 조만간 이해가 되실 것이니 너무 성급해 하지는 마세요.

혀의 위치(혀의 기본자세) = 엑
입 모양 = "엑"의 입 모양처럼 양 옆으로 찢고 윗니와 아랫입술을 닿게 한 상태
길이 = 3장음으로
이름(소리) = 에f~

어떠셨나요? 점점 흥미로우시면 손 머리 위로!

이번에도 몇 개의 단어들을 먼저 소리 내서 읽어 보도록 하죠.
다음부턴 이러한 설명 없이 그냥 단어만 쓸 텐데요, 지혜로운 독자님들은 이해하시리라 믿습니다.

"gas, gun, girl, great"
"개스, 건, 걸, 그레이트"라고 발음하셨겠죠?
자, 그럼 아래 글들을 읽고 다시 발음해 보도록 하지요.

먼저 "쥐" 혹은 "지"라고 불리는 "G"는 어쨌든 "쥐"나 "지"가 아닐 거라는 걸, 독자님들도 아실 겁니다. 왜일까요?
그렇죠. 일단 "쥐"나 "지"는 단음입니다. 영어는 3장음이죠!
그럼 뭐라고 해야 하는지 궁금하실 겁니다.
"쥐~"라고 하는데 또 하나가 부족하죠?
3장음으로 만들어야 하기 때문에 "쥐" 앞에 "읏"을 넣어서 "읏쥐이~"라고 합니다.
"읏쥐"라니……. "쥐"도 아니고 "읏쥐이~!" 라니…….
혼란스러울 거예요.

기본자세 "으"이 들어가 있네요.

그렇다면 이것도 당연히 혀의 뿌리로 목구멍을 막고 "읏쥐이~"라고 해야 하는데요.

여기서 입 모양은 입술을 뽀뽀하듯이 쭉 내밀고 "웃"이라고 해줍니다. 그러면서 입 양 옆을 쫘악 벌리면서 "쥐이~"라고 해주는 것이죠.

처음엔 "읏"이라고 하고 지금은 "웃"이라고 하는 이유는 입 모양 때문에 "읏"이라고 해도 "웃"이 되기 때문이에요. 오타가 아니니 오해하지 마세요.

또한 "G"로 시작하는 영어단어들은 두 가지의 발음으로 시작하면 되는데요.

방금 배운 "웃"이나 "윽"으로 시작을 하시면 됩니다.

다시 말해, "garage"같은 단어는 "g"가 두 개나 들어가 있는데요.

대부분의 "g"로 시작하는 단어들 앞에는 "윽"을 붙이면 더욱 자연스러운 발음이 됩니다.

한글로 표기하자면, "윽개뤄웃쥐"가 되겠죠?

자, 이번엔 배운 대로 단어를 소리 내서 읽어 보도록 할게요.

"gas, gun, girl, great"

"윽개스, 윽거은, 윽거을, 윽그뤠잍" 정도로 발음하셨다면 대단한 발전이라 할 수 있겠죠?

"G" 앞에 "윽"만 붙이고 혀뿌리로 목구멍을 막고 앙드레 창법을 사용했을 뿐인데, 5분 전과는 완전히 다른 발음을 구사할 수 있게 되었죠?

혀의 위치(혀의 기본자세) = 윽

입 모양 = "키싱구라미"처럼 입술을 뽀뽀하듯 쭉 빼고

길이 = 3장음으로

이름(소리) = 윳쮜이~(입 모양 때문에 윷쮜이~라는 발음이 되기도 합니다.)

"how, hi, hello, hand" 이젠 자동적으로 소리 내서 읽어 보셨을 거라 생각합니다.

"하우, 하이, 헬로우, 핸드" 정도의 발음이 됐겠죠.

그런데 우리는 "H"를 "ㅎ"이 아닌 "ㅇ"인 "에이치"라고 배워왔습니다.

그럼 왜 "아우, 아이, 엘로우, 앤드"라고 하지 않을까요?

그래서 필자는 "H"를 "에이치"가 아닌 "헤잇취"라고 말합니다.

"헤잇취라니?"라고 생각하실 분이 99%는 될 거 같은데요,

제가 드리고 싶은 말은 "H"의 이름이 "에이치"든 "헤잇취"든 상관이 없다는 것입니다.

그러나, "H"라는 것의 특징은 바람을 빼줘야 한다는 것이죠.

"에이치"라고 하면 바람이 안 빠집니다. 그래서, "에이치" 대신 "헤잇취"라고 발음해 자연스럽게 바람을 빠지게 하려는 것이랍니다.

설득력이 있었나요?

대신 바람을 빼는데 그냥 빼는 것이 아니라, 자기의 입 냄새를 맡듯, 천천히 빼주셔야 한다는 것이죠.

자 이번엔,

다같이 재채기를 해보세요. 내려갔다 올라오는 음률이 생기지요?

그것이 "헤잇취"의 음률이랍니다.

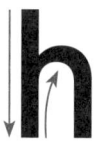

PART 02_영어발음의 핵심! 꼭 알아야 할 포인트 051

자, 그럼 이번엔 아까 소리 내서 발음했던 위의 네 가지 단어를 바람을 빼면서 소리 내서 읽어 보도록 합시다.

"how, hi, hello, hand"

어떤가요? 미드에서나 나올 법한 발음이 또 들렸나요?

또한 우리가 배운 "H"의 음률은 수많은 단어들의 재채기할 때와 같은 음률인데요.

"page, porridge, bridge" 등의 음률과도 같답니다.

다시 말해, 알파벳 안에는 너무나도 많은 비밀이 숨겨져 있다는 것이죠.

어떠세요? 점점 흥미가 생기시나요?

이처럼 알파벳 하나하나에 단어의 음률이 있을 뿐만 아니라 연음처리 되는 것들도 많이 있답니다.

때문에 알파벳을 배움으로써 여유와 미소 그리고 단어나 문장에서 배울 발음까지도 미리 배우니 얼마나 중요한 'part'인지 몸소 느끼게 될 거예요.

영어권 사람들을 보면 항상 얼굴에 미소가 있고 여유가 있어 보이죠?

그들이 잘나고 선진국이라서가 아니라 언어가 사람에게 미소와 여유를 갖게 하기 때문이랍니다. 우리도 그렇게 할 수 있겠죠?

혀의 위치(혀의 기본자세) = 엑

입 모양 = "엑"의 입 모양처럼 입술을 양 옆으로 찢은 상태

길이 = 3장음으로

이름(소리) = 헤잇취~

지혜

행동을 변화시키려면 많은 돈을 투자해야 한다.
We've got to put a lot of money into changing behavior.

– 빌 게이츠(Bill Gates) 마이크로소프트의 창업자 –

"I"를 발음할 때의 기본자세는 "엑, 익, 억, 윽" 중 어느 것일까요?

그렇습니다. "억" 상태에서 하면 되겠죠?

"I"의 발음은 완전한 "아이"가 아니라, "어"와 "아"의 중간발음, 다시 말해 "억" 상태에서 "아이~"라고 해주시면 됩니다.

지금까지 배워온 알파벳들은 마무리 단계에 앙드레 창법으로 마무리를 해줬지만, "I"는 처음부터 마무리까지 앙드레 창법으로 해야 한다는 것이 포인트입니다.

이와 같은 간단한 설명만으로 이해를 하셨다면 정말 대단하신 겁니다. 그래도 아직 이해를 못하신 분들을 위해, 간단한 설명을 하도록 하겠습니다.

Fine에서 "I"는 위의 설명처럼 "아이"가 아니라 혀의 뿌리로 목구멍을 막고 입 모양을 "억" 상태에서 "아이"라고 해줘야 한다는 것이죠.

따라서 "빠인"이라고 하는 것이 아니라 "억" 상태에서 "빠인"이라고 해야지만 "빠"도 아닌 "뻐"도 아닌 중간발음이 만들어지는 것이랍니다.

이뿐만 아니라 "I"가 모음으로 들어간 단어들은 이처럼 하면 저절로 좋은 발음이 만들어지겠죠? 어떠세요? 10초의 설명과 10분의 연습이면 "I"가 모음으로 들어간 수천 개의 단어의 발음이 교정되겠죠?

혀의 위치(혀의 기본자세) = 억

입 모양 = "허걱"의 입 모양처럼 둥글게 입술을 고정한 상태

길이 = 3장음으로

이름(소리) = 아이~

"jam, juice, jungle, just"
한 번 정도 소리 내서 읽어 보셨겠지요?
어떠셨나요? 만족스러운 발음이 들렸나요?

먼저, "G"를 발음할 때의 입 모양을 기억하시죠?
"G"를 발음할 때처럼 입술을 뽀뽀하듯 쭉 내밀고, "읏쥐이~"가 아닌, "읏쥐이~"라고 발음을 해보세요. 아주 느끼한 발음이 만들어져야만 한답니다. "읏쥐이~"가 "J"의 본명입니다.
여기서 주의해야 할 점은, 앞서 배웠던 다른 알파벳처럼 앞에 붙은 것을 잘 들리게 소리를 내줘야 한다는 거예요.

위에 단어들을 배운 대로 소리 내서 읽어 볼까요?
"읏쥐엠, 읏쥬우스, 읏쥥글, 읏줘스트"
어떠셨나요? 3분 전 맨 위에서 읽었던 발음과는 사뭇 다른
"읏쥐엠, 읏쥬우스, 읏쥥글, 읏줘스트" 정도의 발음이 나왔다면 성공입니다.
"J"로 시작하는 단어 앞에는 무조건 "읏"만 붙이고, 3장음으로 앙드레 창법과 삼위일체를 잊지 않고 해주면, 어떤 발음을 하든 원어민 발음을 구사하실 수 있습니다.

혀의 위치(혀의 기본자세) = 윽

입 모양 = "키싱구라미"처럼 뽀뽀하듯 입술을 앞으로 쭉 빼고

길이 = 3장음으로

이름(소리) = 읏쥐이~ 이 또한 입 모양 때문에 윷쥐이~라는 발음이 됩니다.

"K"는 기본자세의 첫 번째인 "엑" 상태에서 "케~이"라고 발음하고 마지막 부분을 앙드레 창법으로 마무리해 주시면 된답니다.

점점 쉬워지죠?

여기서 주의해야 할 점은 위에서 배웠던 "H"처럼 본인 입 냄새를 맡는 것처럼 하는 것이 아니라, 강하게 바람을 내보내면서 발음을 해야만 한다는 것입니다. 마치 강아지가 뭔가를 잘못 먹어 목에 걸려 켁켁거리는 것처럼 발음하면 됩니다.

즉, "엑" 상태에서 혀로 목구멍을 막고 있다가 갑자기 바람을 빼내는 것인데요, 이때 손등을 입에 가까이 대어 입 바람을 느끼며 소리를 내보세요. 손등에 강한 바람이 느껴진다면, 성공한 거랍니다.

만약 바람이 전혀 느껴지지 않는다면 손등에 강한 바람이 느껴질 때까지 연습한 후, 다음 장으로 넘어가시기 바랍니다.

자, 그럼 간단한 영어단어를 통해 "K" 발음을 연습해 보겠습니다.

"king, kind, key, keep, kiss"

먼저 혀의 뿌리로 목구멍을 막아야겠죠? 그리고 바람을 빼면서 한 번 해보세요. 영화에서나 나올 법한 발음이 나왔다면, "브라보~!"라고 크게 한 번 외치세요.

혀의 위치(혀의 기본자세) = 엑

입 모양 = "엑"의 입 모양처럼 입술을 양 옆으로 쫙 찢은 상태

길이 = 3장음으로

이름(소리) = 케에이~

한국에서는 "L"과 "R"을 모두 "ㄹ"로 발음합니다.

"L"과 "R"이 모두 똑같은 "ㄹ" 발음이 난다면 왜 "L"과 "R"이 따로 존재하는 것일까요?

그 말은 "L"과 "R"은 완전히 다르다는 말이겠죠.

일단 한글로 표기는 가능하지만 발음은 한국에 없는 것 중 하나입니다.

더군다나 둘 다 "ㄹ" 발음이 아니랍니다.

"L"은 윗니 뒤쪽에 혀가 가깝게 닿은 상태에서 나는 소리이고,

"ㄹ"는 혀가 입천장 중간쯤에 닿은 상태에서 나는 소리입니다.

반면 "R"은 혀를 목젖에 닿도록 말아서 내는 소리인데요,

여기서 중요한 것은 "R"을 발음할 때 혀끝이 절대로 천장에 닿으면 안 된다는 겁니다.

"R"에 대한 설명은 뒤에서 다시 하고요,

우선, "L" 발음을 먼저 배워 보도록 해요.

"L" 발음은 한국인에게는 참 어려운 발음 중에 하나인데요.

결코 혀가 짧아서도 발음이 어려워서도 아닌, 아직 써보지 않았던 발음이기 때문에 어려운 것이니 부담 갖지 마시고 천천히 따라 해보시기 바랍니다.

"lake, lemon, lion, love"

소리 내서 읽어 보셨나요?

먼저, 입을 쫙 찢은 "엑" 상태에서, "윽" 혀뿌리로 목구멍을 막고 혀끝을 윗니 뒤쪽에 붙여보세요. 단, 여기서 주의해야 할 점은 혀뿌리로 목구멍을 꼭 막고 있어야 한다는 건데요. 이 상태에서 "을"이라 소리를 내보세요.

이때 "을" 발음이 정확히 나온다면 혀가 목구멍을 막지 않고 있는 거예요. 이 소리가 완전한 "을"이 아닌, "으"와 "을"의 가운데 소리 정도일 텐데요.

여기서 중요한 건, 입술을 양 옆으로 쫙 찢은 상태로 고정해야 한다는 거예요.

연습을 해도 발음이 잘 안 되는 분들을 위해 마지막 비장의 방법을 하나 더 소개할게요.

구토할 때의 상황을 연출해 보세요. 자동적으로 혀뿌리가 목구멍을 막고 혀가 길게 늘어나 혀끝이 윗니 뒤쪽에 위치하게 된다는 걸 알 수 있죠. 이때 혀끝을 윗니 뒤쪽에 대고 입술 모양은 "엑"이나 "윽"을 소리 낼 때처럼 양 옆으로 쫙 찢은 상태에서 "을"이라 소리를 내보세요. 어떤가요?

엥엥거리는 "을" 같지 않은 "을" 발음이 나오죠?
이처럼 "을" 발음을 한 뒤, 앙드레 창법으로 마무리해 보세요.
"을~ 을~ 을~ 을~ 을~"
이렇게 30번 정도 연습한 뒤, 이번엔 "을~" 대신 아까의 입 모양에서 "으을~ 으을~" 이렇게 20번 정도 느끼한 발음으로 길게 늘려서 연습해 보세요. "으을~" 마지막에 앙드레 창법으로 마무리하는 것은 필수입니다.

그리고 이번엔 "엑"을 발음해 보세요. 입술을 양 옆으로 쫙 찢은 상태에서 "에~ 에~"를 여러 번 반복하고 아까 했던 "으을~"을 연결해서 발음하면 "에으을~"이 됩니다. 이게 바로 "L"의 본명이랍니다.

혹시 방금 들린 본인 발음소리에 놀라셨나요? 그렇다면 성공하신 거죠. 저도 뿌듯하네요.

"L"은 우리나라 말에는 아예 없는 발음이기 때문에 더 집중적으로 연습하고 노력해야만 한답니다.

아까 읽어 보았던 영어단어 4개를 다시 소리 내서 읽어 보세요.

"lake, lemon, lion, love"

잘 하셨습니다. 이번엔 우리가 많이도 연습했던 "을"을 앞에 붙여서 다시 소리 내서 읽어 보세요. 대신 "을~" 발음을 아주 느끼한 개구리 울음소리처럼 하셔야 합니다.

앙드레 창법, 혀의 기본자세인 "엑" 상태에서 하는 것 잊지 않으셨죠?

"을~레잌, 을~레믄, 을~라이은, 을~러v" 정도의 발음이 만들어졌을 거예요. 다시 말해, "L"로 시작하는 단어는 앞에 우리가 배운 느끼한 "을~" 발음을 꼭 넣어 주세요. 꼭~!

혀의 위치(혀의 기본자세) = 엑

입 모양 = "엑"의 입 모양처럼 입술을 양 옆으로 쫙 찢은 상태

길이 = 3장음으로

이름(소리) = 에으을~

"man, memory, miss, monday, mud"

그동안 우리가 알고 있었던 "엠"을 이젠 잊어 버리기로 해요.

여성분들이 립스틱을 바를 때, 윗입술과 아랫입술을 살짝 벌려 "에" 하고 포개는 장면을 떠올려 보세요. 그 모습처럼 입술을 입 안으로 넣고 "엑"이라 발음해 보아요. 여기서 빠르지 않게, 일정한 속도로 입을 다물면서 "에음~"이라 발음하면 "에으음"과 같은 소리가 날 거예요. 이것이 바로 "M"의 본명입니다.

여기서 주의해야 할 점은 "L, M, N, R, NG"이 받침으로 들어갈 땐 단음이 아니라, 장음으로 받침의 음을 길게 끌어줘야 한다는 점입니다.

L = ㄹ
M = ㅁ
N = ㄴ
R = ㄹ
NG = ㅇ

한글 받침을 길게 늘린 것입니다.

그리고 일정한 속도로 입을 다물어줘야 한다는 것도 빼놓지 말아주세요. 하나 더, "M"으로 시작하는 단어를 읽을 때에는 마지막 발음인 "음" 다시 말해, 입술을 감춘 상태에서 앞에 "음"을 붙여서 발음하면 된답니다.

"음매앤, 음메음오어우뤄, 음미쓰, 음먼데이, 음머드"
어떠셨어요? 간단한 변화만으로도 예쁜 발음이 만들어지죠?
다시 말하지만, 앙드레 창법은 절대 빼먹으면 안 됩니다.

혀의 위치(혀의 기본자세) = 엑
입 모양 = "엑"의 입 모양처럼 입술을 양 옆으로 쫙 찢은 상태
길이 = 3장음으로
이름(소리) = 에으음~

실패

성공을 자축하는 것도 중요하지만 실패를 통해 배운 교훈에
주의를 기울이는 것이 더 중요하다.

*It's fine to celebrate success but it is more important
to heed the lessons of failure.*

– 빌 게이츠(Bill Gates) 마이크로소프트의 창업

"N"은 "에으을~"이라고 발음하는 "L"과 비슷한 소리인데요. "에으은~"이라고 발음합니다. 점점 설명이 간단해지죠?

그런데 주의해야 할 점은, 입 모양은 "엑" 상태에서 혀만 천천히 일정한 속도로 올려 천장에 대는 것입니다. 이때 아래턱을 닫으면 절대 안 됩니다.

아래턱은 "엑" 상태에서 움직이지 마셔야 해요. 아시겠죠?

다시 말씀드리지만, 삼위일체와 기본자세 그리고 앙드레 창법을 잊으시면 절대 안 됩니다.

혀의 위치(혀의 기본자세) = 엑
입 모양 = "엑"의 입 모양처럼 입술을 양 옆으로 쫙 찢은 상태
길이 = 3장음으로
이름(소리) = 에으은~

"O"는 여성분들이 많이 쓰는 말인 "어우야~!"와 비슷한 발음인데요.

"O"의 진짜 이름은 "어오우"입니다. 낯선 알파벳의 이름과 발음이 믿기지 않으시겠지만 "O"의 이름은 "어오우~"가 맞답니다.

그리고 "O"는 처음부터 앙드레 창법으로 발음해야 합니다.

위에 먼저 배운 알파벳 중에도 하나 앙드레 창법으로 시작해서 마무리까지 해줘야 하는 것이 있었죠?

그렇습니다. "I"가 그랬었죠.

단어 하나를 연습해 보면서 배워 보기로 해요.

"dog"는 콩글리시로 "도그"라 발음하죠?

"도그"…… 이런 저렴한 발음은 이제 생각만 해도 손발이 오그라들고 창피해지지 않으세요?

앞서 배웠듯이 "D" 앞에는 "을" 소리를 붙입니다.

따라서 "dog"는 "을ㄷㅓ오우그"라 발음하고, 처음부터 마무리까지 앙드레 창법으로 발음해야 예쁜 발음이 된답니다.

어떤가요? 이제 "dog"는 "도그"보다 "은더오우그~"가 더 자연스럽게 느껴지지 않나요? 이것은 독자님의 발음이 "콩글리시"에서 "잉글리시"로 바뀌고 있다는 증거죠. 앙드레 창법을 처음부터 마지막까지 사용하면서 다시 연습해 보세요. "어오우~"

PART 02_영어발음의 핵심! 꼭 알아야 할 포인트 071

여러 번 반복해서 소리 내보세요. 강중약에서 "강"에만 강세를 넣어 소리가 점점 작아지게 발음해야 한다는 것도 잊지 마시고요.

혀의 위치(혀의 기본자세) = 억
입 모양 = "허걱"의 입 모양처럼 입술을 둥글게 고정한 상태
길이 = 3장음으로
이름(소리) = 어오우~

겸손

우리에겐 구글, 애플, 다른 무료 소프트웨어 등
우리를 방심하지 않게 할 멋진 경쟁자들이 있다.

Whether it's Google or Apple or free software,
we've got some fantastic competitors and it keeps us on our toes.

– 빌 게이츠(Bill Gates) 마이크로소프트의 창업자 –

"pace, pen, pink, pork, push"

"P"도 앞서 배운 "H"나 "K"처럼 바람을 내보내면서 발음합니다.

우선 "익" 상태에서 혀를 고정하고 입술을 다문 다음, 바람을 확 내보내면서 "피~"라고 해주면 되는데요. "P"를 발음할 때에도 손등을 입 앞에 두고 연습해 보세요. 바람이 확 빠져나가야 한다는 것도 잊지 마시고, 여러 번 연습하시길 바랍니다.

설명을 덧붙이자면, "P"와 "B"는 무조건 윗입술과 아랫입술이 닿은 상태에서 소리를 내고, "F"와 "V"는 윗니와 아랫입술이 닿은 상태에서 소리를 내야 합니다.

매우 중요한 것이니 밑줄을 그어주시기 바랍니다.

"P"와 "B"는 윗입술과 아랫입술이고, "F"와 "V"는 윗니와 아랫입술!

이건 공식이니 무조건 외우세요.

"피~ 피~ 피~ 피~" 여러 번 연습해보고 "P"로 시작하는 단어 몇 개도 소리 내서 읽어 보세요.

"pace, pen, pink, pork, push"

이쯤 되면 "콩글리시"가 아닌 "콩글리시"와 "잉글리시"의 중간 정도 발음이 나왔으리라 생각됩니다.

혀의 위치(혀의 기본자세) = 익

입 모양 = "김치"의 입 모양처럼 입술을 양 옆으로 쫙 찢은 상태

길이 = 3장음으로

이름(소리) = 피이~

"Q"는 어떻게 발음해야 할까요? "큐, 큐"
이것이 "Q"의 진짜 발음이 아니라는 것쯤은, 이제 짐작하고 있으시죠?
"Q"의 본명은 "큐"가 아니라 "키이유~"입니다.
"Q"도 "P, K, H"처럼 바람을 내보내면서 발음해야 하며, 입 모양은 "익" 상태에서 양 옆으로 쫙 찢고, 천천히 일정한 속도로 입을 뽀뽀하듯이 "우" 모양으로 만들어 주면 되는데요.
"키. 유. 우~" 이렇게 끊어서 소리 내면 안 되고, 부드럽게 연결해서 발음해야 합니다. 자, 다 같이 발음해 보세요.
"익" 상태에서 바람을 내보내면서 부드럽게 "키유우~"

"키. 유. 우" 발음은 어디에 쓰일까요?
"I like you" 이 문장의 발음을 한국어로 풀자면, "아이을라이키유우~"가 되는데, 여기서 "Q"의 발음을 발견하셨나요?
연음처리된 부분의 발음을 우리는 알파벳을 배우면서 알게 되는 것이죠.
어떠세요? 알파벳의 진실이 하나씩 벗겨지니, 조금은 섬뜩하지 않으신가요?
"정확한 알파벳 발음을 배워 놓으면 단어뿐만 아니라 문장을 읽을 때에도 많은 도움이 된다"라는 매우 상식적이면서도 중요한 말을 드리고 싶습니다.

혀의 위치(혀의 기본자세) = 익
입 모양 = "익" 모양처럼 입술을 양 옆으로 쫙 찢은 상태
길이 = 3장음으로
이름(소리) = 키유우~

이번엔 발음하기 어렵다고 소문난 "R"입니다.
대부분의 우리나라 사람들이 알고 있는 "R"은 혀를 말아 "알~"이라고 굴리는데요, 이건 진정한 "R"의 이름이 아닙니다.

예를 들어 car라는 단어를 한국에선 "카"라고 합니다.
카…… 콩글리시로는 절대 틀린 말이 아니죠. "카"는 알 발음을 뺀 발음이죠?
그럼 알을 붙여서 해보도록 해요. 칼…… 칼이 되어 버렸군요…… 칼……
아마도 외국인은 karl이라고 알아 듣겠죠? Karl 모두가 아시다시피 남자 이름이죠. 다시 말해 발음으로 인해 뜻이 달라져 버린다는 말이 되는 것이죠. 우리의 생각대로 "안녕하세요"를 외국인 발음으로 "아뇽하쉐요"의 수준이 아닌 "아나이써?" 이런 식으로 완전히 다른 말이 되어 버린다는 걸 아셔야 합니다.

다시 본론으로 넘어가서,
"알" 발음은 혀가 천장에 닿아야만 낼 수 있는 소리지만, "R"은 절대로 혀가 천장에 닿으면 안 된다는 거 아시죠?

그럼 어떻게 발음해야 할까요?

자, 이제부터 매우 중요한 설명을 드릴 테니 집중해 주세요.

입 모양 "어" 상태에서 혀를 뒤쪽으로도 말고 옆쪽으로도 말아 물을 담는 바가지처럼 움푹 파이게 한 후, 혀끝을 목젖에 대려고 노력해 보세요. 이 상태에서 "아~알"이라고 발음하는 거죠. 이게 바로 발음하기 정말 어렵다는 "R"의 진짜 이름이랍니다.

다시 정리해서 설명하면, 입 모양은 "어", 혀는 말아서 목젖에 닿게 하기, 소리는 "아~알~".

여기서 주의할 점은 혀가 절대로 입천장에 닿으면 안 된다는 거예요.

어느 서적에선 이것도 치경음이라 혀끝이 잇몸에 닿으면서 나는 소리라고 서술된 것이 있는데 말도 안 되는 소리죠. 또한, "R"은 마무리뿐만 아니라 처음부터 끝까지 앙드레 창법을 사용해야 한다는 것 명심하세요.

자, 어떤 소리가 났나요? 정확하게 "아~알"이라는 발음이 났다면 틀린 것이죠. 입 모양이 "어" 상태였기 때문에 "어"도 아니고 "아"도 아닌 애매한 발음이 나오고 조금 맹꽁이 같은 소리가 나와야 해요. gargle하듯이요. 다시 한 번 해보세요.

"R" 발음의 주의사항 하나 더!

"R"은 자음으로 쓰일 때와 받침으로 쓰일 때 발음의 차이가 있어요. 이것도 말하면 안 되는 것인데, 우리 독자님들께만 특별히 공개하는 것입니다.

"R"이 자음으로 쓰일 때에는 혀를 만 상태에서 "우"라는 소리를 앞에 붙여주면 되고, "R"이 받침으로 쓰일 때에는 앞에 자음과 상관없이 입 모양을 "어" 상태에서 혀를 말고 자음과 모음발음을 해줘야 합니다. 이렇게만 하신다면 "R"이 들어가는 수천 개의 단어들을 원어민 수준으로 구사할 수 있으니, 혼자만 알고 계세요.

혀의 위치(혀의 기본자세) = 억
입 모양 = "억"의 입 모양처럼 둥글게 입술을 빼고 고정한 상태
길이 = 3장음으로
이름(소리) = 아~알

"S" 발음은 "R"에 비하면 매우 간단합니다. 지금까지 배운 것들을 응용하면 쉽게 발음할 수 있답니다.

"에"로 시작하니까 기본자세 "엑" 상태에서 목구멍을 막고 "에~스"라고 발음하면 "S"의 진짜 이름이 되는 것이죠.

여기서 강중약과 앙드레 창법을 자연스럽게 발음해야 해요.

설명이 급격히 줄어들었죠?

이제 반복적인 설명들은 생략해도 되니, 자연스레 설명이 줄어드는 것 같아요.

반복적인 설명들이 뭔지는 독자 여러분들이 더 잘 아시죠?

혀의 위치(혀의 기본자세) = 엑

입 모양 = "엑"의 입 모양처럼 입술을 양 옆으로 쫙 찢은 상태

길이 = 3장음으로

이름(소리) = 에~스

"T" 역시 "H, P, K, Q"처럼 바람을 내보내면서 발음해야 하는 알파벳 중 하나입니다.

모음이 "ㅣ"로 시작하니까 기본자세는 "익"입니다. 입술을 양 옆으로 쫙 찢은 상태에서 입 모양을 "익"으로 만든 후, 바람을 확 내보내면서 "티이~"라고 발음하면 됩니다.

바람을 내보내면서 발음해야 하는 알파벳들은 어떻게 연습해야 한다고 말씀드렸죠?

그렇죠! 손등을 입에 가까이 대고 강한 바람이 나올 때까지 연습해야 한답니다.

"티이~~" 처음에만 강하게 소리를 내주고 "이~~"는 중약으로 소리를 점점 작게 내면서 마지막에 앙드레 창법으로 마무리해주는 것 잊지 마세요.

혀의 위치(혀의 기본자세) = 익

입 모양 = "익"의 입 모양처럼 입술을 양 옆으로 쫙 찢고 바람을 빼면서

길이 = 3장음으로

이름(소리) = 티이~

이젠 "U"를 단순히 "유"라고 발음하시는 분은 없을 거라고 생각합니다.
"U"의 진짜 발음이 뭔지 궁금해하고 있으시겠죠?
"U"의 진짜 이름은 "유"가 아니라 "이유우~"인데요.
이젠 설명 없이도 기본자세 입 모양을 "익" 상태로 하고 혀로 목구멍을 막고 있으시리라 믿습니다.

앞에서 배운 "Q"의 발음 "키유우~" 기억하시죠?
혀의 기본자세를 "익" 상태로 하고, 바람을 빼면서 발음하는 "키유우~"에서 "ㅋ" 대신 "ㅇ"를 넣고 일정한 속도로 소리를 부드럽게 내면서 "이유우~"라고 발음해보세요.
"U"도 "I, O"처럼 처음부터 앙드레 창법을 사용합니다.
"U"는 단어 "you"와 같은 소리이기 때문에, 제대로 발음이 난다면 "how are you"나 "who are you" 등의 문장에서 "you" 발음을 예쁘게 낼 수 있답니다.

혀의 위치(혀의 기본자세) = 익

입 모양 = "익"의 입 모양처럼 입술을 양 옆으로
쫙 찢은 상태에서 처음부터 앙드레 창법으로 울려줍니다.

길이 = 3장음으로

이름(소리) = 이유우~

"V"도 한국어에는 없는 발음입니다. 우리나라 사람들은 이것을 단순히 "브이"라고 하지만, 표기는 같지만 소리를 내는 방법은 전혀 다릅니다.

"B"와 "V" 모두 "비~"라고 합니다. 차이가 있다면 "B"는 앞에 "읍"을 넣어 윗입술과 아랫입술이 닿았다가 떼어지면서 소리를 내는 것이고,

"V"는 앞에 "으" 발음을 넣어주고 윗입술과 아랫입술이 아닌 윗니와 아랫입술을 닿게 한 상태에서 바람을 내보내며 "으vㅣ~"라고 발음하죠.

여기서 중요한 것은 윗니와 아랫입술을 닿게 한 상태에서 바람을 조금 오래 빼주면서 떨리게 해주면 더욱 좋은 소리가 난답니다.

또한, "v" 앞에 "으"를 넣어주는 이유는 "으"를 넣음으로써 자연스럽게 진동시간을 늘리기 위함이니, 혼동하지 마세요.

다시 설명드리면,
"V"는 "F"와 같이 윗니와 아랫입술로, "으vㅣ~"라고 발음하고요.
"B"는 "P"와 같이 윗입술과 아랫입술로, "읍비~"라고 발음하면 된답니다.
헷갈리기 쉬우니 많이 연습해 주세요.

혀의 위치(혀의 기본자세) = "익"
입 모양 = "익"의 입 모양처럼 입술을 양 옆으로
짝 찢고 윗니와 아랫입술이 닿게 한 상태
길이 = 3장음으로
이름(소리) = 으vㅣ~

"W"는 "U"가 두 개 있어서 "더블유"가 된 것이고, 영어 스펠링으로는 "Double U"라고 합니다. 이렇게 되면 "D"로 시작하는 단어가 되므로, 앞에서 배웠던 것처럼 앞에 "읃"을 붙여서 발음해야 하죠. "읃더브을리유우~"

여기서 주의할 점은 "L" 부분에서 배웠던 것처럼 목구멍을 막고 혀를 앞으로 내밀어 느끼하게 발음해야 "더블"이라는 제대로 된 발음을 만들 수 있습니다. 여기서 처음으로 발음이 이어지는데 "ble"과 "u"의 발음이 연결되면서 "블리이유~"가 되는 것입니다. 연음처리가 되는 거죠.

자, 이제 3개의 알파벳만 남았는데요. 시간이 참 빨리 지나갔다고 느꼈다면 이 책에 푹 빠져 있었다는 뜻이겠죠?
조금만 더 힘을 내서 영어발음을 정복해 봅시다!

혀의 위치(혀의 기본자세) = 윽

입 모양 = "윽"의 입 모양처럼 입술을 양 옆으로 찢은 상태

길이 = 3장음으로

이름(소리) = 읃더브을리유우~

혀의 기본자세는 "엑"입니다. 이제는 여러분들도 아시죠?
"X"는 입 모양 "엑" 상태에서 "에엑스~"라고 발음한 후, 강중약 순으로 점점 소리를 작게 만들면 됩니다.

많은 설명이 필요 없을 정도로 많은 반복으로 저절로 알게 되는 "X" 발음. 그저 부드럽게 3장음으로 길게 발음하시라는 말 외에는 드릴 말씀이 없네요.

혀의 위치(혀의 기본자세) = 엑

입 모양 = "엑"의 입 모양처럼 입술을 양 옆으로 쫙 찢은 상태

길이 = 3장음으로

이름(소리) = 에엑스~

"Y"는 앞에 "우"를 붙여 "우와이~"라고 발음합니다.

입술을 오리처럼 쭉 뺀 상태에서 앙드레 창법으로 처음부터 끝까지 "우"라고 소리를 낸 뒤, "와이~"라고 발음을 해야 "Y"의 진짜 이름이 됩니다. 당연히 마무리도 앙드레 창법으로 해야겠죠?

또한 "Y"는 영어단어 "why"와도 같은 발음이니 참고하세요.

혀의 위치(혀의 기본자세) = 억
입 모양 = "억"의 입 모양처럼 입술을 둥글게 "우" 모양처럼 앞으로 빼준 상태
길이 = 3장음으로
이름(소리) = 우와이~

드디어 마지막 알파벳이네요!

우리나라 사람들은 "제트" 또는 "짓"이라 발음하는데요. "Z" 발음의 포인트는 떨림이 있어야 한다는 거예요.
"C" 발음을 할 때처럼, 턱을 앞으로 쭉 빼 윗니와 아랫니의 위치를 같게 한 후, 혀를 윗니와 아랫니 중간에 붙인 상태에서 "지~"라고 발음해 보세요.

그렇습니다. 혀로 막고 있으니, 소리가 안 날 거예요.
이때, 혀를 살짝 떼어주면 벌이 날아다니는 소리처럼 진동을 하며 "지~~~"라는 소리가 나오는데, 이어서 "이잇~"을 덧붙이면 "Z"의 진짜 이름이 됩니다. "지~이잇"

처음부터 끝까지 앙드레 창법을 사용해 예쁜 "Z" 발음을 완성하도록 해보세요.
기본자세 "익" 상태에서 하는 것 잊지 마시고요. 3장음도 잊지 마세요.

혀의 위치(혀의 기본자세) = 익
입 모양 = "익"의 입 모양처럼 입술을 양 옆으로 쫙 찢은 상태
길이 = 3장음으로
이름(소리) = 지이잇~(지이이~라고 해도 무관합니다.)

알파벳 26자의 이름을 모두 배웠습니다. 어떠셨나요?
우리가 알고 있었던 알파벳 발음과는 완전히 다르고, 무시하면 안 될 많은 것들이 숨어 있었죠? 무시했던 알파벳 발음이 이렇게 어렵고 중요한 것이었는지 많은 분들이 놀라고 깨달으셨을 거라 믿어요.

이제 빙산의 일각이 끝났군요.
자, 그럼 알파벳 26자의 진짜 이름과 길이, 입 모양을 정리해 볼까요?

A F H K L M N S X

B C D E P Q T U V Z

I O R Y

G J W

위 알파벳 나열을 한 번 보세요.
처음 보는 나열이지만, 왜 이렇게 나열되어 있는지 짐작이 가시나요?

맞습니다.

첫 번째 줄은 혀의 뿌리를 "엑" 상태에서 시작해야 하는 알파벳들이고,
두 번째 줄은 혀의 뿌리를 "익" 상태에서 시작해야 하는 알파벳들이며,
세 번째 줄은 혀의 뿌리를 "억" 상태에서 시작해야 하는 알파벳들이고,
네 번째 줄은 혀의 뿌리를 "윽" 상태에서 시작해야 하는 알파벳들로 나열해 보았습니다.

아마도 이런 나열은 지금껏 한 번도 보지 못했던 나열일 것입니다. 왜냐하면 전 세계에서 이러한 나열은 없었으며, 제가 만든 것이니까요.

자, 이제 "A"부터 "Z"까지 우리가 배운 대로 소리 내서 읽어보시고 다음 단계로 넘어가도록 할게요.

하나 더, 알파벳 하나의 길이를 잘 기억해두세요. 그 길이가 짧은 단어의 길이와 같아지니까요.

아시다시피 "엑익억윽"과 "엥잉엉웅"은 혀의 뿌리로 목구멍을 막기 위해 만든 훈련법입니다.

또한 "엑"을 "익"이라고 해도 큰 차이는 없지만 첫 모음으로 쉽게 설명해 놓은 것이니 유념하여 주시기 바라옵고,

어느 개그맨이 말한 것처럼 영어는 그때 그때 다르답니다.

소름 끼치게
중요한 3성음

첫 번째 질문입니다.
"영어를 말할 때는 왜? 리듬이 타지는 걸까요?"
첫 번째 단어를 내렸으면 다음 단어는 올려야 하고……
이렇게 음이 올라갔다가 내려갔다가 하는 이유 말입니다.

두 번째 질문입니다.
"우리가 수십 년간 배워온 영어의 강세는 어떻게 생겼을까요?"
지금은 휴대전화나 전자사전으로 영어 단어를 쉽게 찾아볼 수 있는데요.
예전엔 손가락에 침을 발라가며 사전을 뒤적였답니다.
"샤악샤악" 영어사전을 넘기던 소리가 생각나네요.
영어사전으로든 전자사전으로든 단어를 찾으면 뜻뿐만 아니라 발음기호도 나오고 발음기호 위에 "점" 같은 것도 찾아볼 수 있을 거예요.
그 점 같은 것들이 '강세'라는 것인데요,

어떻게 생겼었는지 생각나는 대로 머리 속으로 그려보시거나 펜으로 써 보세요.

"´" 이런 점을 그리셨나요? 혹시 다른 강세를 그리신 분 없으신가요?
'다른 강세가 또 있단 말이야?'라고 생각하신 분들을 위해 단어 하나를 예로 설명하겠습니다.

video [vídiòu]

비디오라는 영어단어의 발음기호인데요.
자세히 보시면, 첫 번째 "í"와 "ò" 위에 있는 강세가 보이실 거예요.
그런데 두 개의 생김새가 완전히 다르죠? 왜 다르게 생겼을까요?
"강세가 어떻게 생겼든 강세는 그냥 강하게 읽으면 돼~!"라고 고함을 지르신 건 아니겠죠?
두 개의 강세가 다르게 생겼다는 것은 곧 강세의 성질이 다르다는 것입니다. 그럼 어떠한 차이가 있는 것일까요?
첫 번째 강세는 위로 올라가 있죠? 그래서 죄송하지만 소리를 '쳐'올려야 한답니다.
그리고 두 번째 강세는 보시다시피 내려가 있으니 또 죄송합니다만, 소리를 '쳐'내리셔야 합니다.
제가 '쳐'라는 단어를 쓴 이유는 각인시키기 위함이었으니, 이해해 주세요.
강세가 두 개인 걸까요? 아닙니다. 강세가 한 개 더 있답니다.
마지막 강세를 소개해드리죠.

Last [læst]

공교롭게도 위 단어의 발음기호에 강세가 없죠?
이것이 바로 "ˉ" 이렇게 생긴 마지막 강세입니다.
중국어엔 4성조가 있다면 영어에는 3성조가 있다는 말입니다.
중국어 4성조로 표현하자면, 1성조가 "ˉ"이고, 2성조가 "ˊ", 3성조가 "ˋ"이라고 볼 수 있는 것이죠.
영어발음할 때 리듬을 타게되는 것은 바로 강세 때문입니다.
그래서 한 문장을 단어의 강세를 염두에 두며 천천히 읽은 것을 녹음하고, 2~3배 속도로 재생시키면 자연스럽게 리듬을 타며 읽은 것처럼 들린답니다.
이 말은 즉, 단어의 강세가 없으면 리듬이 타지지 않을 뿐만 아니라 딱딱한 발음이 된다는 말이죠.

자, 그럼 이제 첫 번째 질문과 두 번째의 질문의 답은 모두 아시겠죠?
답은 바로 '3성음'입니다. 잊지 마세요, 3성음의 위력을요.

외계어 같은 발음기호

　총 26개의 알파벳으로 이루어진 발음기호는 모음이 " [a], [e], [i], [o], [u]" 5개이며 나머지는 자음입니다. 여기서 알아야 할 점은 발음기호에는 [c], [q], [y]와 [x]가 없다는 점입니다.

　[c]는 [k]와 같으므로 제외되었고,

　[q]는 [kw]로 쓰입니다.

　또한 [y]라는 발음기호도 없는데요, y가 발음기호로 직접 쓰이지는 않지만 y로 시작하는 단어에서 y의 발음기호로 [j]가 쓰이고 있습니다.

　J 모양을 한 [j]는 "ㅈ"의 발음이 아닌 [i]처럼 "이" 발음이 나오지만 "이"보다는 더 짧은 발음이라는 점을 유념하셔야 합니다.

　마지막으로 x는 발음기호에서 [x]로 쓰이지 아니하고, [ks]라고 쓰입니다. 발음은 "윽스" 정도로 하면 되겠네요. 모음에 따라 발음이 바뀐답니다.

다시 정리해보면, 발음기호의 모음은

[ɑ] [e] [i] [o] [u] [æ] [ɛ] [ʌ] [ə] [ɔ] 이렇게 10개이며,

자음은

[b] [d] [f] [g] [h] [k] [l]

[m] [n] [p] [kw] [r] [s] [t] [v] [w] [ks] [j] [z]

[ʃ] [tʃ] [tz] [θ] [ð] [dʒ] [ʒ]

이고,

받침으로만 사용되는 [ŋ]까지 26개이며, 총 36개의 발음기호가 있습니다.

자, 이번에는 36개의 발음기호를 자세히 보겠습니다.

[ɑ] 아
[e] 에
[i] 이
[o] 오
[u] 우

[æ] 우리나라에서는 대부분 이것을 "ㅐ"로 표기하고 "e"를 "ㅔ"로 표기합니다. 그런데 재미있는 사실은 우리나라 말로는 철자법에 의해 차이가 있지만, 영어는 철자가 없다는 것이죠. "애"라고 하든 "에"라고 하든 상관이 없으며 다만 길이의 차이가 있는 것이라고 말씀드리고 싶습니다.

그러나 한국에선

[æ]는 "애"로 발음하고, [e]는 "에~", 그리고 [ɛ]는 "에"라고 발음합니다. 따라서 한글로 표기할 때는 한국에서 배우는 철자 대로 사용하겠습니다.

[ɛ] 대문자 E와 소문자 e가 결혼해서 예쁜 아이를 낳았다고 가정해 봅시다. 대문자도 닮고 소문자도 닮아 아주 귀엽겠죠?
그래서 [ɛ]는 귀여운 "에" 발음입니다. 여기서 "에" 발음은 [e]보다 짧습니다.
E + e = ɛ

[ʌ] "어~ 이상하다~! V를 거꾸로 써놨네!"
그래서 발음은 오리지널 "ㅓ"입니다.
흔히들 "어 삿갓"이라고 하죠. 암행어사는 쓸 수 있고 '어 사또'는 쓸 수 없어서 "어"입니다. 말도 안 되는 억지이지만, 이렇게 기억해두면 기억에 오래 남는답니다.

[ɔ] "어~ 이상하다~! "O"를 쓰다 말았네요.
그래서 이것도 "어"입니다. 위에 있는 발음기호도 "어"인데 둘 다 "어"일리는 없겠죠? 맞습니다. [ɔ]는 오를 쓰다 말았기에 "오ㅓ"라고 합니다.
한 소리에 두 개의 음이 있는 것이죠.

예를 들어 [dɔ] "도어"가 아니라 "도ㅓ"처럼 두 개의 모음이 들어가 있다는 말인데요. 한국말 "뒤", "되"와 같이 말입니다.

[ə]   "어~ 이상하다~! e를 거꾸로 써놨네!"
　　　설마 이것도 "어"일까요?
　　　네! 정답입니다!
　　　이것도 "어" 군단에 속하는데요.
　　　이것은 "으ㅓ"라고 발음을 하면 됩니다.
　　　즉, [bə]일 경우 "버"가 아니라 "브ㅓ"라는 발음이 된다는 뜻이죠.

[ʌ] [ɔ] [ə] 우리는 이것들을 "어"라고 알고 있었죠?

영어를 만든 사람들이 바보도 아니고 같은 "어" 발음을 여러 개나 만들었을까요? 어떻게 저렇게 설명되었는지는 모르겠지만 지금부터는 올바른 발음기호의 발음을 익히도록 하세요.

이번엔 자음의 발음을 소개하겠습니다.

[b]　발음기호에서는 "비"가 아니라 "ㅂ"입니다. "읍ㅂ"라고 하면 되겠죠.
[d]　발음기호에서는 "디"가 아니라 "ㄷ"입니다. "읃ㄷ"라고 하면 되죠.
[f]　발음기호에서는 "에쁘"가 아니라 "ㅃ"라고 합니다.
　　　영어 알파벳에는 "ㅃ" 발음이 없지만 "f" 발음을 할 때는 "ㅃ" 발음으로 하면 됩니다만, 여기서 중요한 것은 윗입술, 아랫입술이 아닌 윗니에 아랫입술을 살짝 대고 바람을 빼주면서 "ㅃ" 발음을

해줘야 한다는 것입니다.

[g] 발음기호에서는 "쥐"가 아니라 "윽ㄱ"나 "웇ㅈ"로 발음해줘야 합니다.

[h] 발음기호에서는 "헤잇취"가 아니라 "ㅎ"라고 해주셔야 합니다.

[k] 발음기호에서는 "케이"가 아니라 "ㅋ"입니다.

[l] 발음기호에서는 "엘"이 아니라 "으을"이나 "을"이라고 해주셔야 합니다.

[m] 발음기호에서는 "엠"이 아니라 "음"이나 "ㅁ"로 발음합니다.

[n] 발음기호에서는 "엔"이 아니라 "은"이나 "ㄴ"이라고 해주셔야 합니다.

[p] 발음기호에서는 "피"가 아니라 바람을 빼면서 "ㅍ"라고 해주셔야 합니다.

[kw] 이것은 "쿠우" 정도의 발음의 되겠죠.

[r] 발음기호에서는 "알"이 아니라, 자음으로 들어갈 때는 혀를 말고 "우"라는 소리를 앞에 넣어주셔야 하며, 받침으로 들어갈 때는 입 모양을 "어"로 한 상태에서 혀를 말고 소리를 내주셔야 합니다.

[s] 발음기호에서는 "에스"가 아니라 "ㅅ"라고 하면 됩니다.

[t] 발음기호에서는 "티"가 아니라 "ㅌ"라고 해주셔야 합니다.

[v] 발음기호에서는 "브이"가 아니라 윗니와 아랫입술을 살짝 붙이고 진동을 주면서 바람을 빼주면서 "v" 발음을 내주셔야 합니다.

[w] 발음기호에서는 그냥 "우" 발음을 해주면 됩니다.

[z] 발음기호에서는 "제트"가 아니라 "ㅈ"발음으로 떨리는 소리와 바람을 빼는 소리를 내면서 "ㅈ"라고 해주셔야 한답니다.

외계어와 같은 발음기호들도 있는데요. 하나씩 살펴볼까요?

[θ] 참 어려운 발음 중 하나라고 알고 계시죠?
    일명 "번데기"라고도 하고 "알약"이라고 하는 'th 발음'입니다.
    번데기를 먹다 보면 이에 번데기가 많이 끼죠.
    지금 독자님들 앞니 사이에 번데기가 껴있다고 생각해 보세요.
    어떻게 해야 할까요?
    혀로 앞니를 닦듯 훑어야겠죠?
    앞 윗니의 반 정도만 혀로 댄 다음 강하게 소리 내서 "쓰"라고 하지
    마시고, 바람만 빼주듯 아주 부드럽게 발음해 보세요.
    지금 그 발음이 [θ]의 발음입니다.

[ð] 이것도 'th 발음' 중 하나인데요.
    생긴 게 꼭 돼지꼬리 같죠? 억지라고 해도 상관없습니다. 한 번 읽
    고 평생 안 잊어버리게 하는 것이 저의 의무니까요.
    사실 돼지는 깨끗하고 영리한 동물인데요.
    우리에 가둬서 기르기 때문에 변소가 따로 없어 돼지들도 어쩔 수 없
    이 지저분하게 생활을 하는 거랍니다. 모르셨죠?
    아무튼 한국에서는 돼지가 엄청 더러운 동물로 여겨지고 있죠.
    "아우 드러워~!"
    여기서 "드" 발음할 때, [θ] 발음과 같은 혀의 위치에서 돼지 우리를
    생각하며 바람을 빼주되, "D" 발음이 나도록 해주시면 울리는 "D"
    발음이 나올 거예요. 그게 이 돼지꼬리의 발음이랍니다.

[ʃ] 옛날엔 어머니들이 가끔 어린 아이들의 바지를 벗기고 길가에 소변을 누게 했죠. 그러면 안 되는데 말이죠.
그때 어머니는 옆에서 한 마디씩 하시죠.
"쉬~~~~~~~~~~~~~"
그래서 저 소변같이 생긴 "ʃ"는 부드럽게 "쉬~"라고 발음합니다.
"쉬"라는 소리는 가야금의 오음(금목수화토) 중에서도 '수'에 속하며, 방광과 심장을 좋게 하는 소리이기도 합니다.
우리 어머니들은 일찍부터 우리의 방광과 심장도 신경을 써 주셨던 것이죠.
기억이 안 나시는 분들은 어머니께 뭐라고 하셨는지 물어보시길 바랍니다.
아마도 완벽한 발음을 들으실 수 있을 거예요.
지금도 간혹 술을 드시면 예전 그때가 그립고 생각이 나시는 건지 밤거리에서 그때를 떠올리며 혼자서 "쉬~" 하시는 분들이 있는데요. 요즘은 노상방뇨로 벌금을 내야 하니 집에 가서서 추억을 되살리시기 바랍니다.

[tʃ] 여기도 "쉬~"가 들어 있네요. 근데 앞에 "t"가 있군요.
"쉬~"이긴 한데 "t"가 들어가 있는 건 어떻게 발음해야 할까요?
"트쉬 트쉬 트쉬 트쉬"를 30번 정도 하면 "취~"라는 발음이 나올 거예요. 그렇다면 정확한 발음을 하신 겁니다.
단어 'bench' 다시 말해 'ch'의 발음기호로 쓰이는 것입니다.

[tz] 이번엔 "쉬"가 빠지고 "즈"가 들어가 있네요.

그럼 이건 어떻게 발음해야 할까요?

잘 모르시겠다면, "트즈 트즈 트즈 트즈"를 30번 정도 해보시면 되겠죠?

"츠~"라는 발음이 나왔다면 성공하신 겁니다.

[ʒ]

이렇기 때문에 이건 "쥐" 발음이 나는 겁니다.

억지인가요? 그래도 평생 잊어버릴 염려는 없겠죠?

[dʒ] 이건 쥐 앞에 "드"가 있네요.

그럼 위에서 배웠던 "d"의 발음을 연상하시면 됩니다.

앞에 뭐가 붙었었죠? 그렇죠. "은"이 붙었었죠.

그래서 저 발음기호의 이름은 "은쥐"입니다.

또한, 저 발음은 우리가 알파벳에서 배웠던 "g"의 발음과 비슷합니다. 처음 들어보는 설명이지만, 이젠 놀랄 일도 아니죠?

[ŋ]　마지막 발음기호입니다. 보통 이 발음기호는 'sing'이나 'song' 등 "ng" 발음인 "ㅇ" 발음을 위해 만들어진 것인데요. 아마도 저걸 만든 사람이 "ng"를 대신할 뭔가를 생각하다가 "n"을 쓰다 "g"의 아랫부분을 쓴 거 같죠? 어찌됐든 이 발음기호는 "ㅇ" 발음이고, 받침에 쓰인다는 것 잊지 마세요.
　　다시 말씀드리지만, 받침은 무조건 길게 발음해주셔야 합니다. 생각하는 것보다 더 길게 늘려주세요.

이로써 발음기호 또한 자세히 살펴 보았습니다.
어떠셨나요? 지금까지 알고 있었던 발음기호의 발음이 너무 많이 달랐죠? 이렇듯 잘못된 알파벳과 발음기호로 단어를 읽고 문장을 읽고 회화를 하였으니 말도 안 되는 발음이 만들어졌다는 건 어찌 보면, 지극히 당연한 일이었을 지도 모릅니다.
그러나 이젠 모든 것을 바로 잡았으니 걱정 마시고 자만하지 마시고 더 익숙해지도록 연습을 하도록 하겠습니다.

이번엔 발음기호로 만들어 본 발음연습입니다.

그저 알파벳이랑 발음기호 연습이라 생각하지 마세요. 모든 단어, 모든 문장의 발음을 함축시켜놓은 것이라 생각하시고 열심히 연습해 보도록 하세요.

a = ㅏ

[bɑ] [dɑ] [fɑ] [gɑ] [hɑ] [kɑ] [lɑ] [mɑ] [nɑ] [pɑ] [kwɑ]
[rɑ] [sɑ] [tɑ] [vɑ] [wɑ] [zɑ] [tʃɑ] [ʃɑ] [θɑ] [ðɑ] [dʒɑ]

e = ㅔ

[be] [de] [fe] [ge] [he] [ke] [le] [me] [ne] [pe] [kwe]
[re] [se] [te] [ve] [we] [ze] [tʃe] [ʃe] [θe] [ðe] [dʒe]

i = ㅣ

[bi] [di] [fi] [gi] [hi] [ki] [li] [mi] [ni] [pi] [kwi]
[ri] [si] [ti] [vi] [wi] [zi] [tʃi] [ʃi] [θi] [ði] [dʒi]

o = ㅗ

[bo] [do] [fo] [go] [ho] [ko] [lo] [mo] [no] [po] [kwo]
[ro] [so] [to] [vo] [wo] [zo] [tʃo] [ʃo] [θo] [ðo] [dʒo]

u = ㅜ

[bu] [du] [fu] [gu] [hu] [ku] [lu] [mu] [nu] [pu] [kwu]
[ru] [su] [tu] [vu] [wu] [zu] [tʃu] [ʃu] [θu] [ðu] [dʒu]

æ = ㅐ

[bæ] [dæ] [fæ] [gæ] [hæ] [kæ] [læ] [mæ] [næ] [pæ] [kwæ]

[ræ] [sæ] [tæ] [væ] [wæ] [zæ] [tʃæ] [ʃæ] [θæ] [ðæ] [dʒæ]

ʌ = ㅓ

[bʌ] [dʌ] [fʌ] [gʌ] [hʌ] [kʌ] [lʌ] [mʌ] [nʌ] [pʌ] [kwʌ]
[rʌ] [sʌ] [tʌ] [vʌ] [wʌ] [zʌ] [tʃʌ] [ʃʌ] [θʌ] [ðʌ] [dʒʌ]

ə = ㅡ ㅓ

[bə] [də] [fə] [gə] [hə] [kə] [lə] [mə] [nə] [pə] [kwə]
[rə] [sə] [tə] [və] [wə] [zə] [tʃə] [ʃə] [θə] [ðə] [dʒə]

ɔ = ㅗ ㅓ

[bɔ] [dɔ] [fɔ] [gɔ] [hɔ] [kɔ] [lɔ] [mɔ] [nɔ] [pɔ] [kwɔ]
[rɔ] [sɔ] [tɔ] [vɔ] [wɔ] [zɔ] [tʃɔ] [ʃɔ] [θɔ] [ðɔ] [dʒɔ]

θ = ㅆ

[θɑ] [θe] [θi] [θo] [θu] [θæ] [θʌ] [θə] [θɔ]

ð = ㄷ

[ðɑ] [ðe] [ði] [ðo] [ðu] [ðæ] [ðʌ] [ðə] [ðɔ]

tʃ = 취

[tʃɑ] [tʃe] [tʃi] [tʃo] [tʃu] [tʃæ] [tʃʌ] [tʃə] [tʃɔ]

ʃ = 쉬

[ʃɑ]　[ʃe]　[ʃi]　[ʃo]　[ʃu]　[ʃæ]　[ʃʌ]　[ʃə]　[ʃɔ]

dʒ = 은쥐

[dʒɑ]　[dʒe]　[dʒi]　[dʒo]　[dʒu]　[dʒæ]　[dʒʌ]　[dʒə]　[dʒɔ]

ŋ = ㅇ

[bɑŋ]　[deŋ]　[fiŋ]　[dʒoŋ]　[huŋ]　[kæŋ]　[lʌŋ]　[məŋ]
[nɔŋ]　[pɑŋ]　[reŋ]　[siŋ]　[toŋ]　[vuŋ]　[zæŋ]

자, 지금까지 알파벳의 숨겨진 26의 비밀과 강세, 발음기호를 배워봤는데요. 다음 단원으로 넘어가기 전에 알파벳의 26비밀을 완전히 몸으로 익히셔야 합니다.

03

영어발음의 완성!
보완하면 더 좋은
고급 정보

헷갈리는 알파벳 확실히 구분하기
알아두면 좋은 신체부위
전 세계가 사용하는 숫자
시간과 관련된 표현
전화와 관련된 표현
그 외 다양한 숫자 표현

헷갈리는 알파벳
확실히 구분하기

먼저, 콩글리시에서는 구분되지 않았던 B와 V, F와 P, L과 R을 확실히 구분해서 발음하는 법을 배워보겠습니다.

R로 시작하는 단어가 사전에 몇 개나 있을까요?

한 8,000개 정도로 알고 있는데요.

그렇다면 이 단어들을 하나하나 발음 교정을 받는다면 얼마나 걸릴까요? 3개월? 6개월?

R로 시작하는 단어들을 교정 받는 데 3개월이 걸린다면, 사전에 있는 단어들을 교정 받는 데는 적어도 70개월, 빠르면 30개월 정도 걸리겠죠?

이 책으로 총 260분(알파벳 하나당 10초의 설명과 10분의 연습)이면 충분하다고 말씀드리면 독자 여러분들은 믿으실까요?

고개를 절레절레 흔드시겠지만, 가능하답니다.

자, 그럼 말도 안 된다고 생각하는 이 일을 몸소 체험해 볼까요?

B와 V 구분법

첫 번째로 "b"와 "v"에 대해 공부해 보겠습니다.

지금까지 배운 것들을 다시 한 번 되새겨보며, 하나씩 소리 내서 읽어 보세요. 발음기호를 이번에 배우신 분들은 발음기호를 보고 읽으세요.

우선, 아래 단어들을 소리 내서 읽어 보세요.

bank [bǽŋk] 은행
band [bǽnd] 묶는 것, 밴드
base [béis] 토대, basis와 같은 어원
bear [bɛ́ər] 곰
book [búk] 책, 서적, 도서

알파벳(20~22page)에서 배웠던 것처럼 "b" 앞에는 "읍"을 붙여 "읍비"라고 하죠.

이번에도 설명에 앞서 발음연습을 해보도록 하겠습니다.

특별한 발음연습법을 소개해드릴 테니, 우선 1분 정도 발음연습을 해봅시다.

"B" 앞에는 "읍" 발음을 먼저 해주세요.

"ba = 읍바~, be = 읍베~, bi = 읍비~,

bo = 읍보우~, bu = 읍부우~, bʌ́ = 읍버~, bl = 읍블~"

장음과 강중약, 마지막엔 앙드레 창법으로 마무리해주는 거 잊지 마시고요.

"B"는 윗입술과 아랫입술이 꼭 닿았다 떼야 한다는 것도 상기하셔야 합니다.

bank [bǽŋk]

"읍뱅ㅋ"가 되겠죠? "ㅋ"는 "으" 상태에서 목구멍을 막고 바람만 빼주는 거예요. 앞에서 여러 번 설명해드렸었죠?

또한 "o"가 받침으로 있으니 길게 발음해야 하는 것은 잘 아실 테고요.

"택견" 마무리로 해주시는 것도 잊지 마세요.

band [bǽnd]

"읍밴~ㄷ"라는 발음이 만들어지겠죠? "읍" 상태에서 "ㅂ"를 생각하면서 바람만 빼줘야 하는 건 이젠 다 아실 거라고 생각합니다.

base [béis]

"읍베이스"라고 발음해야 합니다. 별다른 설명이 필요 없는 단어지만, 마지막 "스"는 점점 작고 부드럽게 발음해야 한다는 건 기억해두세요.

bear [bɛər]

"r"이 받침으로 나왔네요. 그럼 입 모양은 어떻게 해야 할까요?
그렇죠. "어" 상태에서 "얼~"이라고 발음해야 합니다.
"읍베얼~" 이렇게 발음하면 되겠죠?
하나 더 설명하자면, "r"이 받침으로 왔으니 입 모양이 "어" 가 돼야겠죠?

book [búk]

이 단어는 어떻게 발음해야 할까요?
"읍부욱"이죠. 잘 하셨습니다. "택견" 마무리도 잊으시면 안 됩니다.
여러 번 반복해서 이젠 단기 기억에서 장기 기억으로 넘어간 상태이니, 배운 것들을 응용하면 제법 근사한 발음을 낼 수 있을 거예요.
독자 여러분, 축하합니다!

아래 단어들을 소리 내서 읽어 보세요.

bice	[bàis]
bine	[bàin]
ban	[bǽn]
banish	[bǽniʃ]
bent	[bént]
best	[bést]
bint	[bínt]
bolt	[bóult]

이번엔 "b"와 비슷한 "v"로 시작하는 단어들을 공부해 보겠습니다.

아무런 설명 없이 아래 단어들을 읽어볼 텐데요. 이제는 설명을 보지 않고도 70% 정도는 그럴듯한 발음을 하실 거라고 생각합니다.

아래 단어들을 소리 내서 읽어 보세요.

victory [víktəri]　　승리
very [véri]　　대단히, 아주
visit [vízit]　　방문하다
video [vídiòu]　　비디오
violin [váiəlín]　　바이올린
van [vǽn]　　트럭

앞에서 배웠던 모든 것들을 응용해서 그럴듯한 발음을 만들어 보셨나요? 아직 발음이 잘 안 되는 독자님들을 위해 10초의 설명과 10분의 연습을 하도록 할게요.
앞에서 설명하고 연습했던 것처럼 "v"도 연습법이 있습니다.
"v"로 시작하는 단어 앞에는 "으"를 넣어줍니다.
"va = 으vㅏ~, ve = 으vㅔ~, vi = 으vㅣ~, vo = 으vㅗ~,
vu = 으vㅜ~, vá = 으vㅓ~, vl = 으vl~"

"ㅂ"이 아니고 "v"이기 때문에 윗니와 아랫입술을 대고 한숨을 쉬듯 부드럽고 자연스럽게 바람을 빼주셔야 해요.

소리는 "비"라고 하면 되겠죠. 그것이 "으"라고 하는 것과 같은 발음이 나옵니다.

그렇게 바람을 빼주다가 입을 벌리면서 "vㅏ"라고 해주고 마지막엔 앙드레 창법으로 마무리하시면 됩니다.

배운 대로 다시 천천히 10번 정도 소리 내서 읽어 보세요.

victory [víktəri]

윗니와 아랫입술을 맞대고 바람을 빼면서 "으vl"라고 해주는 거 아시죠?
그 상태에서 "으vㅣㅋ트ㅓ우뤼"라고 해야 하는데요.
사실 언어의 발음을 글로 배운다는 건 매우 어려운 일이죠.
글로 배우는 것은 한계가 있으니, 이해가 잘 안 되는 분들은 QR Code로 동영상을 자주 보시길 바랍니다.
뒤에 "우뤼"가 붙은 이유는 "r"이 받침이 아닌 자음으로 들어갔기 때문에 혀를 말고 "우"가 "r" 앞에 오게 되는 것이죠.

very [véri]

바람을 빼면서 "으vㅔ우뤼"라고 발음하시면 됩니다.
이것도 역시 "r"이 자음이므로 앞에 "우"가 붙어 "우뤼"가 되는 것이죠.
이때 혀를 말아야 한다는 것 잊지 마시고요, 입 모양도 신경 써주세요.

visit [vízit]

"으vㅣ"로 시작을 해서 "zit"으로 끝나는 단어입니다.

여기서 주의할 점은 "zit" 부분인데요. "Z"의 발음은 진동으로 울리게 해야 하므로, "ㅈ" 발음으로 하시면 안되고, "zit" 발음으로 해주셔야 합니다.

따라서 "으vㅣzㅣㅌ"이라고 발음해야 되겠죠?

video [vídiòu]

발음기호를 보면, 2개의 서로 다른 강세가 있는 걸 볼 수 있는데요.

아시다시피 처음에 있는 강세는 위로 '쳐'올려 강하게 읽는 것이고, 뒤에 있는 강세는 아래를 향해 있으므로 '쳐'내리면서 강하게 읽어야 합니다. 이 점에 유의해서 다시 한 번 소리 내서 읽어보세요.

"으vㅣ디오우"라는 발음이 되겠죠?

다시 설명하지만, v로 시작하는 단어 앞에는 바람을 빼면서 "으~"를 꼭 붙여줘야 합니다. 앞에 "으"를 붙이느냐 안 붙이느냐에 따라 발음이 확연히 달라진다는 점 절대 잊지 마세요.

violin [váiəlín]

이 단어는 두 개의 강세가 모두 위를 향해 있으니, 두 번 '쳐'올려 읽어야 합니다.

v로 시작하는 단어이니 바람을 빼면서 "으" 소리를 넣고, "으vㅏ이으ㅓ을 린~"이라고 하면 됩니다. 주의할 점은 받침을 아주 길게 소리 내야 한다는 거예요.

van [vǽn]

발음기호 "ǽ"는 "애"이긴 한데 "e = 에"와는 달리 길게 "애~"인 건 이제 다 아실 겁니다.

또 받침이 있으니까 "ㄴ"을 길게 발음해야 한다는 것도요.

그럼 다같이 소리 내서 읽어 보겠습니다. "으vㅐㄴ~"

이번엔 아무런 설명 없이 아래 단어들을 소리 내서 읽어 보세요.

vice [váis]

vine [váin]

vanish [vǽniʃ]

van [vǽn]

vent [vént]

vest [vést]

vint [vínt]

volt [vóult]

F와 P 구분법

이번엔 "F"인데요. 이번에도 아래 단어들을 큰 소리로 읽어 봅시다.

face [féis]　　얼굴
far [fá:r]　　멀다
finger [fíŋɡər]　　손가락
flower [fláuər]　　꽃
fun [fʌ́n]　　재미

"F" 발음의 끝을 어떻게 소리 내는지 기억하시나요?
 그렇죠. 윗니와 아랫입술을 살짝 붙이고 바람을 천천히 빼주는 것이죠.
 여기서 정말 놀라운 사실이 하나 있는데요. 위에서 설명했듯이 "F" 발음과 "ㅃ" 발음이 같다면 믿으시겠어요? 실수로 놓치신 분들은 49-51쪽을 참고하세요. 아무튼 믿기 힘드시겠지만 같은 발음입니다. 두 번의 설명으로 각인시키고자 한 의도입니다.

대신 윗입술과 아랫입술이 아닌, "F" 발음을 낼 때처럼 윗니와 아랫입술을 댄 상태에서 바람을 빼줄 때 "ㅃ" 소리를 내주면 "f" 소리가 만들어집니다.

이젠 잘 아시겠지만, 이 단어는 "뻬이스"라고 발음해야 합니다. 윗니와 아랫입술 사이로 바람을 빼면서 "뻬이스".

마지막 발음은 한국 발음으로 "쓰"나 "스"로 하면 안 되고, "s"의 마지막 발음처럼 발음하시면 됩니다. 쥐꼬리처럼 점점 작고 부드럽게 마무리해주세요.

다음으로 넘어가기 전에 간단한 준비운동을 해보겠습니다. 아래 단어들을 큰 소리로 여러 번 읽어보세요.

"fa = 빠~, fe = 뻬~, fi = 삐~, fo = 뽀오~,
fu = 뿌우~, fʌ = 뻐어~, fl = 쁘을~"

익숙해질 때까지 충분히 연습해주세요.

far [fáːr]

발음기호에 '땡땡이 장음'과 받침 "r"이 있군요.

그렇다면 자음이 무엇이든 "어" 상태로 고정하시고 윗니와 아랫입술을 대고 바람을 빼면서 "빠알~"이라고 하면 되는데요. 이때 혀는 천천히 "r"처럼 말아야 하고, 앙드레 창법으로 마무리해주면 예쁜 발음이 만들어질 거예요.

fin · ger [fíŋgər]

"fin"과 "ger" 사이에 점이 있죠? 이는 2개의 음이라는 표시인데요.

발음기호를 보면 "fi"와 "ŋ"이 있습니다. 받침은 길게 삥~이라고 하고 "ger"이지만 "r"이 있기 때문에, 입 모양을 "어" 상태에서 "윽궐~"이라고 해야 합니다.

다시 말해 "익" 상태에서 "삥궐~"이라고 해야 하죠.

"ㅃ"은 "f" 발음이니까 윗니와 아랫입술을 붙이고 바람을 빼줘야겠죠?

flower [fláuər]

이번 단어에는 '처'내려 읽는 강세가 있네요. 강하게 읽되 아래로 내려야 겠죠?

윗니와 아랫입술을 대고 "으" 상태처럼 양 입 꼬리를 쫙 찢은 상태에서 "쁠라월~"이라고 하면 되는데요, "쁠"이라고 발음할 때 "L" 발음에 신경 써 주세요.

fun [fʌ́n]

설명이 굳이 필요 없겠죠? "뻔"이라고 발음하고 받침을 길게 발음해 주세요.

아래 단어들을 소리 내서 읽어 보세요.

fart [fáːrt]	fie [fái]	fang [fǽŋ]	fast [fǽst, fáːst]
face [féis]	fail [féil]	fair [fɛ́ər]	flay [fléi]
feel [fíːl]	fig [fíg]	fork [fɔ́ːrk]	fort [fɔ́ːrt]
full [fúl]	fun [fʌ́n]	fuss [fʌ́s]	funk [fʌ́ŋk]

이번엔 설명 없이도 멋진 발음을 구사하실 거라는 기대감이 앞서는데요. 자, 아래 단어들을 소리 내서 읽어 봅시다.

page [péidʒ]   페이지
paper [péipər]   종이
park [páːrk]   공원
pink [píŋk]   분홍색
pride [práid]   자존심
proud [práud]   자부심이 있는

설명 없이 읽어본 단어들의 발음에 만족하십니까?
그래도 아직 설명이 필요하신 분들을 위해 다시 한 번 설명해 드릴게요.
아시는 분들도 복습한다 생각하시고 겸손한 자세로 보시길 바랍니다.

앞에서 배운 것처럼 윗입술, 아랫입술이 닿은 상태에서 바람을 "팍" 빼주는 게 "P" 발음의 포인트입니다. 이 점을 명심하고 아래 발음 준비운동을 연습하시기 바랍니다.

"pa = 파~, pe = 페~, pi = 피~, po = 포우~,
pu = 푸우~, pʌ = 퍼~, pl = 플~"
천천히 강중약으로 소리 내서 읽어 보세요.
단, 앞에 읍을 붙여서 발음하기 불편하신 분들은 빼셔도 무관합니다.
사람마다 구강구조와 입술, 혀의 길이와 두께가 다르기 때문이죠.

page [péidʒ]

"페이지"가 아니고 "페이은쥐"가 맞겠죠?
이 단어의 음률은 알파벳 "H"와 같은 발음이에요. 바람을 빼면서 "페이은쥐~"라고 발음하면 됩니다.

paper [péipər]

양 입술이 닿은 상태에서 바람을 빼면서 "페이"라고 발음하고, "펄" 발음은 "r"이 있으므로 입 모양을 "어" 상태에서 해야 한다는 점 잊지 마세요. 그리고 발음을 "페이펄"이라고 하면 되겠죠?

park [páːrk]

"r"이 받침으로 사용됐으니 자음이 무엇이든 입 모양은 무조건 "어"가 되겠죠? 그 상태에서 바람을 빼면서 "파알ㅋ"이라고 하면 됩니다.
거듭 말씀드리지만, "r"의 발음은 "알"도 아니고 "얼"도 아닌, 둘의 중간발음입니다.

pink [píŋk]

입 꼬리를 쫙 찢고 바람을 후욱 빼면서 "피잉ㅋ"라고 발음합니다.
받침인 "ㅇ"은 길게 발음해야겠죠?

pride [pràid]

이번엔 "r"이 자음으로 왔으니 앞에 무엇을 붙여야 할까요?

그렇죠. "우"를 붙여야겠죠.

그런데 앞에 "p"가 있습니다. 어떻게 발음하면 될까요?

"프우롸이드"라고 하면 어색하니, 혀를 만 상태에서 바람을 빼며 "푸우롸인"라고 하면 됩니다.

마지막 "ㄷ"는 소리를 내는 게 아니고 천장에 붙은 혀를 떼며 바람을 빼주기만 하면 됩니다. 당연히 머리 속에는 "d"를 생각하면서요.

"택견" 마무리입니다.

proud [pràud]

이것도 위에 있는 "proud"와 같은 발음인데요.

이번엔 설명하지 않을 테니, 발음기호를 보고 예쁜 발음을 만들어 보시기 바랍니다. 혀를 말고 "푸우롸운~"라고 하면 되겠죠?

아래 단어들을 소리 내서 읽어 보세요.

part [pá:*r*t]   pie [pài]   pang [pǽŋ]   past [pǽst, pá:st]

pace [péis]   pail [péil]   pair [pɛ́ər]   play [pléi]

peel [pí:l]   pig [píg]   pork [pɔ́:*r*k]   port [pɔ́:*r*t]

pull [púl]   puss [pús]   punk [pʌ́ŋk]

R과 L 구분법

이제 "R"과 "L"에 대해 공부해 보겠습니다.

우선, 아래 단어들을 소리 내서 읽어 보세요.

rugby [rʌ́gbi]   럭비
rabbit [rǽbit] 토끼
rain [réin]   비
read [ríːd]   읽다
red [réd]   빨간, 빨간색의

소리 내서 읽어 보셨나요? 그럴듯한 발음이 나왔나요?
그렇지 않다면, 지금부터 제가 말씀드리는 대로 따라 해보세요.

10초의 설명을 하겠습니다.

설명 R로 시작하는 단어 앞에는 혀를 말고 있는 상태에서 "우"라는 발음을 앞에 넣어주세요. 10초의 설명 맞죠?

자, 이제 6개의 발음을 연습해 볼게요.

처음에 배웠던 것처럼 3장음, 성격이 급하신 분들은 5장음으로 강중약으로 발음해주시기 바랍니다. 쥐꼬리 기억하시죠?

"ra = 우롸~, re = 우뤠~, ri = 우뤼~,
 ro = 우로~, ru = 우루~, rΛ = 우뤄~"

이 발음연습은 태어나서 처음 해보는 것이지요?

제가 세상에 처음으로 선보이는 연습법이니까요.

다시 한 번 연습해 보기로 해요.

발음기호에는 "ㅐ"도 있고 "ㅔ"도 있지만 편의상 "우뤠"로 하였습니다.

착오 없으시길 바랍니다.

자, 먼저 혀를 말고 있는 상태에서요,

"ra = 우롸~, re = 우뤠~, ri = 우뤼~,
 ro = 우로~, ru = 우루~, rΛ = 우뤄~"

천천히 동영상을 10회 정도 따라 하면서, 몸에 익힐 정도로 연습한 후에 다시 앞에 있는 단어들을 읽어보시기 바랍니다.

언어라는 것은 머리로 익히면 한계가 있지요.

장기기억으로 저장하기 위해서는 몸이 기억할 수 있도록 반복해서 연습하셔야 합니다.

다시 한 번 연습한 대로 소리 내어 읽어 보세요.

rugby [rʌ́gbi]

[rʌ́g]은 "럭"이니까 앞에 "우"를 붙이면 아까 배운 "우뤅"이 되겠죠.

그 상태에서 "우뤅"에다가 "b"로 시작했으니 앞에 "읍"이 붙어 "읍비"가 된다는 건 이제 아시죠? 혀를 만 상태에서 "우뤅읍비~" 이렇게 발음하고 마지막을 앙드레 창법으로 길게 발음해 주시면 됩니다.

rabbit [rǽbit]

앞에서 배운 것처럼 [rǽ]는 "우루애"가 되겠죠?

또한 [bit]은 "b"가 있으니 앞에 "읍"을 붙여 "읍빝"가 되니,

"우루애"와 "읍빝"을 붙여 "우루애읍빝"이라고 발음하시면 됩니다.

당연히 혀는 말고 있는 상태에서 "우루애"라고 해야 하고요,

마지막에 "빝"에서 "ㅌ" 발음은 "트"로 하는 것이 아니라 위에서 배운 "택견" 마무리로 해주시는 것 잊지 마세요.

다시 설명하자면, "트"라는 소리를 내는 게 아니고 그냥 바람을 빼면서 천장에 붙어 있던 혀를 떼주시면 자연스러운 발음이 나온답니다.

"택견" 마무리처럼요.

rain [réin]

[ré] "레"로 시작하니까 혀를 말고 "우뤠"라고 하고, "이인~"에서 "n" 받침이 들어가 있으니까 받침을 길게 발음해주시면 됩니다.

"우뤠이인~" 이렇게 발음하면 되겠죠?

read [ríːd]

이제 제가 설명을 드리지 않아도, 혀 말고 "우"를 붙여 "우뤼"라고 발음해야 한다는 건 아시겠죠?

발음기호 안에 ":" 이런 땡땡이 모양의 기호가 보이시죠? 그것은 '장음'이라고 하는 것인데 길게 소리를 내주는 거예요. 다시 말해 "우뤼~읃"가 되는 것이죠.

여기서 "읃" 발음에 유의해야 하는데요.

혀가 천장에 붙었다 떨어질 때 소리 내지 마시고, 바람만 빼주면 자연스럽게 "읃"라고 발음하세요.

"t"나 "k" 발음은 택견 마무리로 해주시면 되지만 다른 것들은 이것들과 조금 다르니 설명대로 바람을 빼주면서 혀를 천장에서 떼어주면 되는 것이죠.

그럼 더욱 자연스러운 발음이 만들어진답니다.

앞으로도 단어의 마지막 발음에서 이런 것들이 많이 나오는데요, 그때 다시 하나씩 설명해 드릴게요.

red [réd]

혀를 말고 "우" 입 모양을 하고 있으시겠죠?

이제는 설명 안 드려도 어떻게 발음해야 하는지 아실 거예요.

맞습니다. "우뤠읃"라고 발음하셨다면, 이제 "R"로 시작하는 단어 대부분을 예쁘게 발음하실 수 있답니다. 단어 5개를 연습했을 뿐인데 말이죠.

자, 이번엔 설명 없이 아래 단어들을 소리 내서 읽어 보세요.

right [ràit]　　　　rice [ràis]

ram [rǽm]　　　　rank [rǽŋk]

race [réis]　　　　rest [rést]

read [ríːd]　　　　real [ríːəl, ríːl]

row [róu]　　　　road [róud]

room [rúːm, rúm]　root [rúːt, rút]

raw [rɔ́ː]　　　　royal [rɔ́iəl]

ruck [rʌ́k]　　　　rush [rʌ́ʃ]

잠깐, 매우 중요한 Tip이 있는데요.
아시다시피 "R"은 자음과 받침으로 쓸 수 있죠?
방금 배운 것은 "R"이 자음으로 사용될 때 발음이고요.
이번엔 "R"이 받침으로 사용될 때 발음법을 배워보도록 하겠습니다.
먼저 아래 단어들을 소리 내서 읽어 보세요.

ber, der, fer, ger, her,

ker, ler, mer, ner, per,

rer, ter, ver, wer, zer

어떤 단어든 "R"이 받침이 된다면, 입 모양을 "어"로 고정하는 것과 혀를 말고 발음해야 하는 것은 잊지 마세요.

이번엔 "L"입니다. "L"로 시작하는 단어는 어떻게 발음해야 할까요?

10초의 설명과 10분의 연습으로 "L"로 시작하는 수천 개의 단어의 발음을 예쁘게 만들 수 있다고 말씀드리면, 이제는 조금 믿으시겠죠?

먼저 설명에 앞서 아래 나열된 단어들을 소리 내어 읽어 보세요.

later [léitər] 뒤에, 나중에
love [lʌ́v] 사랑
lake [léik] 호수
like [láik] 같은
left [left] 왼쪽의

"레이터"나 "레이러", "러브", "레이크", "라이크" 정도의 발음이 나왔겠죠?

몇 십 년을 이렇게 배웠는데 한 순간에 바뀌는 건 거의 불가능하죠.
그러나 이렇게 생각하시면 될 거 같아요.

"우리가 배운 알파벳의 끝 '음'이 단어를 시작할 때의 발음이라는 것"을요.

아직 무슨 말인지 잘 모르시겠죠? 정말 중요한 말이니, 지금 5번 정도 읽어 보세요. 입으로 말고 마음으로요.

설명하기 전 먼저 배웠던 "R" 발음연습처럼 해보겠습니다.

여기서 "L(에으을)"에서 마지막 발음인 늘어지는 "을" 발음을 먼저 하면서 "la=을~라, le=을~레, li=을~리,
lo=을~로, lu=을~루, lʌ=을~러"
이 6개의 단어들을 소리 내서 여러 번 읽어보시기 바랍니다.
우리가 처음 배웠던 '알파벳의 길이' 기억 나시죠?
그때의 강중약과 앙드레 창법, 3장음을 잊지 마시고 소리 내서 연습해 보세요. 천천히 10번 정도요.
익숙하지 않은 분들은 20~30번 정도 천천히 연습해 보세요.

자, 이젠 모든 연습이 끝났으니 다음 설명으로 넘어 가겠습니다.

later [léitər]

"L"이 자음으로 될 때엔 우리가 처음에 배운 "에으을~"에서 "을~" 발음을 하고 단어를 읽으시면 됩니다.
다시 말해 "을~레이뤌"이 되는 것인데요.
마지막에 "ter"을 "털"이라고 해도 되고 "뤌"이라고 해도 됩니다.
여기서 아셔야 할 것은 "털"은 영국식 발음에 가깝고 "뤌"은 미국식 발음에 가깝다는 것입니다.
마지막이 "r"로 끝났으니 위에서 설명했듯이 입 모양을 "어" 상태에서 "뤌"이라고 해야 한다는 것도 잊지 마시고요.

love [lʌv]

이 발음 역시 "L" 앞엔 "을~"이 붙으니까 "을~러v"가 되겠죠?

여기서 "v" 부분을 발음할 때 소리를 낸 후 윗니와 아랫입술을 바로 떼지 마시고, 바람을 먼저 빼주고 3장음이 끝난 후에 윗니와 아랫입술을 떼주세요.

lake [léik]

"엑" 상태에서 "을"을 붙이고 "을~레잌"이라고 해주면 되죠.

마지막 "ㅋ" 부분을 "크"라고 발음하지 마시고, "윽" 상태에서 "크"를 생각하면서 바람만 빼주면 자연스러운 "ㅋ" 발음이 만들어집니다.

기억 나시나요? 앞에서 배운 "택견" 마무리입니다.

like [láik]

"윽" 상태에서 "을~라잌"이라고 발음하면 되는데요.

위에서 배운 것처럼 "I"는 입을 쫙 찢은 상태가 아니고 "어" 정도의 작은 입모양을 하고 "을라잌"이라고 해주면 예쁜 발음이 만들어집니다.

여기서 "ㅋ"은 위의 단어 발음과 같습니다. 이것도 "택견" 마무리죠.

left [left]

"L"발음인 "에으을~"의 마지막 발음인 "을" 발음을 앞에 붙이고, "엑" 상태에서 "ft"라고 발음하면 되는데요.

아시다시피 "f"는 윗니와 아랫입술을 붙이고, 바람을 빼주면서 "ㅌ" 발음을 해주면 되는 거예요. 다시 말해 "을레ft"가 되는 것이죠.

지금까지 "R"과 "L"의 차이점. 즉, 어떻게 발음하고 어떤 입 모양을 해야 하는지 배웠습니다.

더 배워야 할 것들이 아직도 많이 남아 있는데요.

너무 걱정하지 마세요. 하나씩 차근차근 연습하면서 배우면 된답니다.

아래 단어들을 소리 내서 읽어 보세요.

light [làit]   lice [làis]
lam [lǽm]   lank [lǽŋk]
lace [léis]   lest [lést]
lead [líːd]   leal [líːl]
low [lóu]   load [lóud]
loom [lúːm]   loot [lúːt]
loyal [lóiəl]   law [lɔ́ː]
luck [lʌ́k]   lush [lʌ́ʃ]

여기까지 따라오시느라 수고 많으셨습니다.

어떠셨나요? 지금껏 알던 영어 학습법과는 완전히 다른 학습법이며, 매우 효과적이라고 생각하신다면 저에게는 매우 감사한 일입니다.

지금까지 배운 영어가 잘못된 부분이 있다는 것도 깨달으셨나요?

잘못된 부분은 바로 잡아야겠죠?

부디, 마지막까지 열심히 함께 해주시기를 진심으로 바랍니다.

알아두면 좋은
신체부위

　지금까지 배운 알파벳들을 이제 단어로 연습해볼 텐데요.
　상식으로 꼭 알고 있어야 하고, 지금 가장 가까이 있는 신체 관련 단어들을 연습단어로 선택했습니다.
　지금까지 알고 있었던 영어발음은 잊고, 이 책에서 배운 대로 소리 내서 크게 읽어 보시기 바랍니다.

　혀의 기본자세인 "엑, 익, 억, 윽", 앙드레 창법, 삼위일체, 3가지 강세의 차이를 염두에 두며 발음해 보세요.

　신체부위 영어로 다 아시는 거 잘 알고 있습니다만,
　발음기호를 연습하고자 하는 초보님들을 위해 선택한 것이니 이해하시고요,
　또한, 신체부위 단어의 발음기호를 망설임 없이 2분 안에 읽을 수 있으시다면, 발음기호 읽는 법을 마스터 했다고 해도 과언이 아니니, 많은 연습을 하시고 다음 단계로 넘어가 주시기 바랍니다.

head [héd] 머리

hair [hɛ́ər] 털, 머리털, 두발

eyebrow [áibráu] 눈썹

eyelash [áilǽʃ] 속눈썹

eye [ái] 눈

forehead [fɔ́ːrid, fɔ́ːrhèd | fɔ́rid, fɔ́ːhèd] 이마

ear [íər] 귀

nose [nóuz] 코

philtrum [fíltrəm] 인중

lip [líp] 입술

mouth [máuθ] 입, 구강

gum [gʌm] 잇몸

tooth [túːθ], teeth [tíːθ] 이

neck [nék] 목

shoulder [ʃóuldər] 어깨

arm [áːrm] 팔

hand [hǽnd] (사람의) 손

elbow [élbou] 팔꿈치 (옷의) 팔꿈치

breast [brést] (여자의) 가슴

chest [tʃést] 가슴, 흉부

navel [néivəl] 배꼽

belly [béli] 배, 복부

waist [wéist] 허리

muscle [mʌ́sl] 근육

finger [fíŋgər] 손가락

back [bǽk] 등

armpit [ɑ́ːrmpìt] 겨드랑이

hip [híp] 엉덩이

pelvis [pélvis] 골반

thigh [θái] 넓적다리, 허벅다리

leg [lég] 다리

knee [níː] 무릎, 무릎 관절

foot [fút] 발

toe [tóu] 발가락

heel [híːl] 발뒤꿈치

calf [kǽf, kɑ́ːf] 장딴지, 종아리

ass [ǽs] 엉덩이, 궁둥이

nail [néil] 손톱(fingernail), 발톱(toenail)

heart [hɑ́ːrt] 심장, 염통

lung [lʌ́ŋ] 폐, 허파

kidney [kídni] 신장

vein [véin] 정맥

blood [blʌ́d] 피, 혈액

stomach [stʌ́mək] 위

gastric juice [gǽstrik dʒuːs] 위액

vertebra [və́ːrtəbrə] 척추골

liver [lívər] 간장, 간

nerve [nə́ːrv] 신경

cell [sél] 세포

womb [wúːm] 자궁

상식적으로 신체부위 단어들을 기억해두는 게 좋겠죠?

지금은 발음연습 중이니, 단어를 외우는 것보다 단어를 정확하게 발음하는 연습을 많이 하시기 바랍니다.

다시 말하자면, 0부터 10까지 숫자로 수천 조 단위까지 계산하는 것과 마찬가지라는 겁니다. 간단한 알파벳과 기초영어 단어를 연습하기에는 마음이 급한 건 압니다만, 영어의 모든 문장과 어려운 단어들 또한 우리가 지금 배우고 있는 기초와 다를 게 없다는 걸 다시 한 번 생각하시면서, 천천히 서두르지 마시고 해나가시길, 다시 한 번 부탁드립니다.

더 자세한 설명은 QR Code를 찍어 확인해 보세요.

충분히 연습하셨다면 다음 장으로 넘어가겠습니다.

다음 장은 매우 중요한 부분인데요.

맨 앞 자음만 다르고 나머지의 스펠링은 같은 단어들로 모아 놓았습니다.

헷갈리기 쉬운 "B와 V", "F와 P", "L과 R"을 비교하며 연습할 수 있도록 한 것이죠.

머리로만 연습하면, "paper"을 "페이퍼"이라고 발음하지 않고 "페이펄"이라고 "f" 발음을 하는 실수를 하게 되죠. 독자 분들도 분명 여러 번 이런 실수를 하셨을 거예요. 익숙해질 때까지 입으로 충분히 소리 내서 연습하시길 바랍니다.

우선, (가로 방향으로) "B"로 시작하는 단어를 읽고 "V"로 시작하는 단어를 읽으세요. 두 발음을 비교하면서요.

그 다음 (세로 방향으로) 한 줄씩 "B"로 시작하는 단어들을 연습하고 "V"로 시작하는 단어들을 연습하면 많은 도움이 되실 거예요.

여러 번 연습해서 본인의 것으로 만드시기 바랍니다.

책을 끝까지 읽는 것보다 한 장을 읽더라도 충분한 연습과 이해를 하는 것이 중요하다고 말씀드리고 싶네요.

B와 V 발음

bale [béil] (배에 싣는 상품의) 곤포
ban [bǽn] 금지, 금지령
banish [bǽniʃ] 추방하다
base [béis] 토대
bast [bǽst] (참피나무 등의) 인피부
best [bést] 가장 좋은
bet [bét] 돈 등을 걸다
bice [bàis] 남청색의 물감
bile [bàil] 담즙, (생리학) 담즙
bine [bàin] (식물의) 덩굴
bint [bínt] (여자를 낮춰 부르는) 계집
bolt [bóult] 볼트, 나사못
bow [bàu] 머리를 숙이다.
box [bàks | bɔ́ks] 상자

vale [véil] 계곡
van [vǽn] 유개 운반차(트럭)
vanish [vǽniʃ] (갑자기) 사라지다
vase [véis, véiz, váːz | váːz] 꽃병
vast [vǽst, váːst] 광대, 거대한
vest [vést] 양복의 조끼
vet [vét] 동물을 진료하다
vice [vàis] 악덕, 결함
vile [vàil] (생각·행위 등이) 비열한
vine [vàin] 포도나무
vint [vínt] (와인·과실주를) 만들다
volt [vóult] (전기) 볼트
vow [vàu] 맹세, 서약
vox [vàks | vɔ́ks] 소리, 음성;말

P와 F 발음

pace [péis] 걸음걸이, 걷는 속도	face [féis] 얼굴
pack [pǽk] 꾸러미	fack [fǽk] 사실이나 진실을 말하다
pad [pǽd] 패드, 덧대는 것	fad [fǽd] 일시적 유행
pail [péil] 들통	fail [féil] 실패하다
pain [péin] (육체적·정신적) 아픔	fain [féin] 기꺼이 ~하는
paint [péint] 페인트	faint [féint] 희미한
pair [pέər] (두 개로 된) 한 쌍	fair [fέər] 공정한, 공평한
pall [pɔ́ːl] 관 덮는 보	fall [fɔ́ːl] 떨어지다
pan [pǽn] 납작한 냄비	fan [fǽn] 부채, 선풍기
pang [pǽŋ] 갑자기 일어나는 아픔	fang [fǽŋ] 송곳니
par [páːr] 동등	far [fáːr] 멀리
pare [pέər] 과일껍질을 벗기다	fare [fέər] 기차·버스·배 운임
part [páːrt] 부분, 일부	fart [fáːrt] 방귀
pash [pǽʃ] passion의 속어	fash [fǽʃ] 괴롭히다

PART 03_영어발음의 완성! 보완하면 더 좋은 고급 정보 145

past [pǽst, pάːst] 지나간, 과거의
pat [pǽt] 톡톡 가볍게 치다
patty [pǽti] 작은 파이
pawn [pɔ́ːn] 전당
pay [péi] 치르다, 지불하다
peel [píːl] 과일껍질을 벗기다
pen [pén] 펜촉
pence [péns] penny의 복수
pend [pénd] (방언) 매달리다
pie [pάi] 파이
pierce [píərs] 꿰뚫다
pig [píg] 돼지
pine [pάin] 그리워하다, 갈망하다
pile [pάil] 쌓아 올린 더미
play [pléi] 놀다
pill [píl] 환약
pin [pín] 핀, 못바늘
pinch [píntʃ] 꼬집다
pitch [pítʃ] 던지다
pork [pɔ́ːrk] 돼지고기
port [pɔ́ːrt] 항구
praise [préiz] 칭찬

fast [fǽst, fάːst] 빠른
fat [fǽt] 지방
fatty [fǽti] 지방 조직
fawn [fɔ́ːn] 어린 사슴
fay [féi] 요정(fairy)
feel [fíːl] 만져보다, 느끼다
fen [fén] 늪, 소택지
fence [féns] 울타리
fend [fénd] 저항하다
fie [fάi] 저런, 에잇, 쳇
fierce [fíərs] 사나운
fig [fíg] 무화과
fine [fάin] 벌금
file [fάil] 서류철
flay [fléi] 가죽을 벗기다
fill [fíl] 채우다
fin [fín] 지느러미
finch [fíntʃ] 되새류
fitch [fítʃ] 긴털족제비
fork [fɔ́ːrk] (식탁용) 포크
fort [fɔ́ːrt] 요새
fraise [fréiz] 여성용 스카프

prance [præns | prɑ́:ns] 껑충이며 나아가다
prank [prǽŋk] (농담으로 하는) 장난
pray [préi] 빌다
press [prés] 내리누르다, 밀다
pride [praid] 자부심, 자랑, 자존심
pro [próu] 프로, 전문가, 직업 선수
pry [prài] 엿보다
pull [púl] 끌다, 당기다
punk [pʌ́ŋk] 썩은 나무

france [frǽns | frɑ́:ns] 프랑스
frank [frǽŋk] 솔직한
fray [fréi] 싸움, 소동
fress [frés] 게걸스레 먹다
fried [fraid] 기름에 튀긴
fro [fróu] 저쪽으로
fry [frài] 기름에 튀기다
full [fúl] 가득 찬, 만원의
funk [fʌ́ŋk] 연기를 내뿜다

R과 L 발음

race [réis] 경주
rack [rǽk] 걸이, 선반
rad [rǽd] (물리) 라드
rag [rǽg] 넝마 조각
raid [réid] 습격
rain [réin] 비
rap [rǽp] 톡톡 두드림
rake [réik] 갈퀴
ram [rǽm] (거세하지 않은) 숫양
rrank [rǽŋk] 계급, 계층, 등급
rave [réiv] 헛소리하다
rive [ràiv] 찢다, 쪼개다
raw [rɔ́:] 날것의
ray [réi] 광선, 가오리
reach [rí:tʃ] ~에 도착하다

lace [léis] 끈
lack [lǽk] 부족, 결핍
lad [lǽd] 젊은이, 소년
lag [lǽg] 뒤떨어지다
laid [léid] 가로 눕힌, 가로놓인
lain [léin] (LIE의 과거분사) 누운
lap [lǽp] 무릎
lake [léik] 호수
lam [lǽm] 치다, 때리다
lank [lǽŋk] 여윈, 호리호리한
lave [léiv] 씻다, 담그다
live [laiv] 살아 있다
law [lɔ́:] 법률
lay [léi] 놓다
leach [lí:tʃ] 침출되다

read [ríːd] (책·편지 등을) 읽다
real [ríːəl, ríːl] 진짜의, 진정한
reap [ríːp] 수확하다
rear [ríər] 뒤
red [réd] 붉은
rest [rést] 휴식
rib [ríb] 늑골
rice [ráis] 쌀, 밥
rich [rítʃ] 부유한, 풍부한
right [ráit] 바른, 옳은, 오른쪽
ring [ríŋ] 반지
road [róud] 길
rock [rák | rɔ́k] 바위
rode [róud] RIDE의 과거
room [rúːm, rúm] 방
root [rúːt, rút] 뿌리
rope [róup] 새끼, 밧줄
row [róu] 열, 줄
royal [rɔ́iəl] 왕(여왕)의, 왕실의
rubber [rʌ́bər] 고무
rube [rúːb] 시골뜨기
ruck [rʌ́k] 다수, 다량
rum [rʌ́m] 럼술
rush [rʌ́ʃ] 돌진하다, 서두르다
rust [rʌ́st] (금속의) 녹

lead [líːd] 인도하다, 안내하다
leal [líːl] 충실
leap [líːp] 껑충 뛰다
lear [líər] 학문, 지식, 교훈
led [léd](LEAD의 과거·과거분사) 이끈
lest [lést] ~하지 않게
lib [líb] (여성) 해방 운동(의)
lice [láis] LOUSE의 복수
lich [lítʃ] 시체
light [láit] 빛
ling [líŋ] (야생화의 일종) 히스
load [lóud] 짐, 화물
lock [lák | lɔ́k] 자물쇠
lode [lóud] 광맥
loom [lúːm] 베틀
loot [lúːt] 전리품, 약탈품
lope [lóup] 껑충껑충 뛰다
low [lóu] 낮은
loyal [lɔ́iəl] 충실한, 충성스러운
lubber [lʌ́bər] 덩치 큰 미련퉁이, 느림보
lube [lúːb] 윤활유
luck [lʌ́k] 운
lum [lʌ́m] 콜롬비아산 대마
lush [lʌ́ʃ] 청청한, 싱싱한
lust [lʌ́st] 강한 욕망

전 세계가 사용하는
숫자

　살아가면서 정말 중요한 것이 숫자인데요, 제대로 발음해야겠죠?
　다시 말씀 드리지만, 숫자 안에는 영어의 모든 발음이 들어 있다고 해도 과언이 아닙니다. 따라서 숫자발음을 잘 한다면 영어발음도 잘 할 수 있다는 말이 되겠죠??
　$1,234,567,890을 영어로 10초 안에 자연스럽게 읽을 수 있는 분들이 많으실 거라 믿지만, 그래도 한 번쯤은 참을성 테스트할 겸 보시기 바랍니다. 참고로 전 4초 걸리네요.
　사소한 것이지만 매우 중요한 것이니 한 번 짚고 넘어가는 게 좋겠죠?

구분	기수	발음기호
0	zero	[zírou]
1	one	[wʌn]
2	two	[tuː]
3	three	[θriː]
4	four	[fɔːr]
5	five	[faiv]
6	six	[siks]
7	seven	[sévən]
8	eight	[eit]
9	nine	[nain]
10	ten	[ten]
11	eleven	[ilévən]
12	twelve	[twelv]
13	thirteen	[θɚːrtíːn]
14	fourteen	[fɔːrtíːn]
15	fifteen	[fiftíːn]
16	sixteen	[sìkstíːn]
17	seventeen	[sèvəntíːn]
18	eighteen	[èitíːn]
19	nineteen	[nàintíːn]
20	twenty	[twénti]
21	twenty one	[twéntiwʌn]
22	twenty two	[twéntituː]
23	twenty three	[twénti θriː]

24	twenty four	[twéntifɔːr]
25	twenty five	[twéntifaiv]
26	twenty six	[twéntisiks]
27	twenty seven	[twéntisévən]
28	twenty eight	[twéntieit]
29	twenty nine	[twéntinain]
30	thirty	[θə́ːrti]
40	forty	[fɔ́ːrti]
50	fifty	[fífti]
60	sixty	[síksti]
70	seventy	[sévənti]
80	eighty	[éiti]
90	ninety	[náinti]
100	hundred	[hʌndrəd]
1,000	one thousand	[wʌnθáuzənd]
10,000	ten thousand	[tenθáuzənd]
100,000	one hundred thousand	[wʌnhʌndrədθáuzənd]
1,000,000	one million	[wʌnm ljən]
10,000,000	ten million	[tenmíljən]
100,000,000	one hundred million	[wʌnhʌndrədm ljən]
1,000,000,000	one billion	[wʌnbíljən]
1,234,567,890	one billion two hundred thirty four million five hundred sixty seven thousand eight hundred ninety	[wʌn bíljən tuː hʌndrəd θə́ːrti fɔːr míljən faiv hʌndrəd síksti sévən θáuzənd eit hʌndrəd náinti]

구분	서수	발음기호
1st	first	[fəːrst]
2nd	second	[sékənd]
3rd	third	[θəːrd]
4th	fourth	[fɔːrθ]
5th	fifth	[fifθ]
6th	sixth	[siksθ]
7th	seventh	[sévənθ]
8th	eighth	[eitθ]
9th	ninth	[nainθ]
10th	tenth	[tenθ]
11th	eleventh	[ilévənθ]
12th	twelfth	[twelfθ]
13th	thirteenth	[θə̀ːrtíːnθ]
14th	fourteenth	[fɔ̀ːrtíːnθ]
15th	fifteenth	[fiftíːnθ]
16th	sixteenth	[sìkstíːnθ]
17th	seventeenth	[sèvəntíːnθ]
18th	eighteenth	[èitíːnθ]
19th	nineteenth	[nàintíːnθ]
20th	twentieth	[twéntiəθ]
21st	twenty first	[twéntifəːrst]
22nd	twenty second	[twentisékənd]
23rd	twenty third	[twénti θəːrd]
24th	twenty fourth	[twéntifɔːrθ]
25th	twenty fifth	[twéntififθ]

26th	twenty sixth	[twéntisiksθ]
27th	twenty seventh	[twéntsévənθ]
28th	twenty eighth	[twéntieitθ]
29th	twenty ninth	[twéntinainθ]
30th	thirtieth	[θə́:rtiəθ]
40th	fortieth	[fɔ́:rtiiθ]
50th	fiftieth	[fíftiiθ]
60th	sixtieth	[síkstiəθ]
70th	seventieth	[sévəntiəθ]
80th	eightieth	[éitiəθ]
90th	ninetieth	[náintiəθ]
100th	hundredth	[hʌ́ndrədθ]
1000th	one thousandth	[θáuzəndθ]
10,000th	ten thousandth	[tenθáuzəndθ]
100,000th	one hundred thousandth	[tenhʌ́ndrədθáuzəndθ]
1,000,000th	one millionth	[wʌnmíljənθ]
10,000,000th	ten millionth	[tenmíljənθ]
100,000,000th	one hundred millionth	[wʌnhʌ́ndrədmíljənθ]
1,000,000,000th	one billionth	[wʌnbíljənθ]
1,234,567,890th	one billion two hundred thirty four million five hundred sixty seven thousand eight hundred ninetieth	[wʌn bíljən tu: hʌndrəd θə́:rti fɔ:r míljən faiv hʌndrəd síksti sévən θáuzənd eit hʌndrəd náintiəθ]

다시 한 번 말씀드리지만, 나이가 몇 살인데 숫자 연습을 하냐며 그냥 넘어가지 마세요.

여러분의 자녀나 조카가 "왜 구구단을 외워야 하나요?"라고 묻는다면, 뭐라고 대답하시겠어요? 아마도 그 대답과 제가 지금 독자 분들께 드리고 싶은 말이 같을 것 같습니다.

숫자를 연습하다 보면, 숫자뿐만 아니라 강세와 리듬, 발음법 등 앞에서 배웠던 것들을 다시 확인하고 연습할 수 있을 거예요. 천천히 하나하나 짚어가며 충분히 연습하시기 바랍니다.

1,234,567,890을 함께 읽어볼까요?
아무리 큰 수라고 해도 백 단위로 끊어 읽으면 되는데요.
백 단위마다 콤마가 찍혀 있죠? 콤마가 안 찍혀 있는 숫자는 직접 콤마를 찍고 읽으면 됩니다.
제일 오른쪽 콤마부터 첫 번째 콤마가 "천(thousand)", 두 번째 콤마가 "백만(million)", 세 번째 콤마가 "십억(billion)"입니다. 이렇게 3개의 단어만 알고 있으면 아무리 큰 숫자라고 해도 편하고 쉽게 읽을 수가 있답니다.
1,234,567,890은 "one billion, two hundred thirty four million, five hundred sixty seven thousand, eight hundred ninety"가 되겠죠?

숫자 연습을 충분히 하셨다면, 이제 숫자 관련 여러 표현들을 공부해 보겠습니다. 솔직히 숫자는 쉽지만, 숫자를 영어로 말하는 건 생각처럼 쉽진 않을 거예요. 충분히 숫자 공부를 하신 후에 다뤄야 할 고급 숫자놀이입니다.

시간과 관련된 표현

먼저 시간에 대해서 알아 보겠습니다.
"몇 시인가요?"를 영어로 하면 바로 떠오르는 문장이 있죠?
그렇죠. "What time is it?"입니다.
그러나 "What time is it?" 외에도 시간을 묻는 문장이 많답니다.
아래 문장들을 보고 연습해 봅시다.

What time is it ?

한 문장에 4개의 단어가 있지만, 4개의 단어 모두 강세가 없습니다. 그러나 time에서 "t"는 바람을 확 내보내면서 발음해야 하는 건 다들 아실 거예요. 배운 대로 발음하셨다면, time 부분이 조금 강하게 소리 날 거예요.

What의 발음기호를 보면, [wɑːt;wʌt] 이렇게 두 가지의 발음이 있습니다. 첫 번째는 "아"로 되어 있고 두 번째는 "어"로 되어 있네요.

다시 말해, 첫 번째의 발음을 하든 두 번째의 발음을 하든 상관이 없다는 것이죠.

하지만 설명에는 첫 번째의 발음기호로 하겠습니다.

[wɑ:t]에서 "w" 앞에는 "우"를 붙여야 함으로 "우와앗"이 되겠죠? Time [taim]의 발음기호에도 강세는 없죠? 그러나 위의 설명처럼 "t"는 바람을 빼줘야 하므로 자연스럽게 강세가 되는 것이죠.

is [iz]의 발음기호 또한 강세가 없군요.

마지막으로 it [it] 또한 강세가 없습니다.

그럼 이번엔 "what time is it?"의 발음기호를 문장처럼 연결을 해보겠습니다.

[wɑ:ttaim izɪt]?이 되겠죠?

다시 설명하자면 강세가 없는 단어 4개로 만들어진 문장이지만 "t"에서 강세를 줘야 해서 자동적으로 리듬을 타게 되는 것입니다.

또한 회화에선 상황에 따라 리듬이나 강세는 바뀔 수 있답니다. 그야말로 '그때그때 달라요'입니다.

천천히 길게 소리 내서 읽어 보시기 바랍니다.

What time do you have?

이 문장에도 "t"가 있는 time 부분이 강하게 읽히겠죠? 이 문장의 포인트가 time이기도 하고요. 뒤에 have에도 강세가 있으므로 강하게 읽어야겠죠?

다시 말해 "t"와 "h"는 바람을 빼줘야 한다는 것입니다.

이 문장은 What time do you have? [wɑ:ttaim du:jəhæv]? 이렇게 두 개로 나눠서 읽으면 되는 것이겠죠?

Could you tell me the time?

이 문장에 있는 6개의 단어 모두 강세가 없네요. 그러나 아시다시피 could 와 tell, time의 "k"와 "t" 발음은 바람을 확 내보내면서 발음해야 하므로 본의 아니게 강하게 읽히게 되죠.

잠깐, 여기서 끊어 읽어야 할 부분은 어디일까요?

바로 "the" 앞입니다.

"Could you tell me / the time?"이라고 읽으시면 되는데요.

끊기 전까지 단어들은 4개의 단어라고 생각하지 마시고 "couldyoutellme" 처럼 하나의 단어로 읽으시면 됩니다. 또한 정관사 the는 time의 종이므로, "thetime"으로 붙여 읽되, 거의 소리가 묻히게끔 작게 내주세요. 이렇게 크게 2개의 문장이 만들어졌는데 이걸 한 문장으로 연결하려면 어떻게 해야 할까요?

$$\text{Couldyoutellme} \quad \text{time?}$$
$$\text{the}$$
$$[\text{kʊdjətelmi:} \quad \text{taim}]?$$
$$\eth\text{ə}$$

이렇게 연결하되 아래로 내려 읽으면 자연스러운 연결과 끊어 읽기가 된답니다.

Do you have a time? Do you have the time?

이번엔 비슷한 문장이 두 개가 있는데요.
하나는 "a"이고 하나는 "the"로 쓰여져 있죠?
과연 두 개의 문장은 어떤 차이가 있을까요?

첫 번째 "Do you have a time?"은 "지금 몇 시인가요?"가 아니라, "시간 있으세요?"라고 물어볼 때 사용하는 문장입니다. 모두 아시겠지만, 관심 있는 이성에게 말을 걸 때 자주 하는 말이죠.

Do you have   time?
a
Do you have   time?
the

"Do you have the time?"이 "몇 시인가요?"라고 물어볼 때 쓰는 문장입니다. 헷갈리면 안 되겠죠? 누군가가 그저 시간이 알고 싶어 "Do you have the time?"라고 물었는데, "a time"이라고 하는 줄 알고 인상을 쓰며 "저 바쁘거든요?"라고 대답하면 곤란해요.

시간을 물어보면 몇 시라고 대답할 줄도 알아야겠죠?
이번엔, 시간 읽는 법을 설명하려 합니다.

01:05	one	five
02:10	two	ten
03:15	three	fifteen
04:20	four	twenty
05:25	five	twenty-five
06:30	six	thirty
07:35	seven	thirty-five
08:40	eight	forty
09:45	nine	forty-five
10:50	ten	fifty
11:55	eleven	fifty-five
12:00	twelve o'clock	
01:58	one	fifty-eight

이렇게 알고 있으시죠? 맞습니다.
그런데 시간을 말하는 방법이 또 있습니다.
위의 설명처럼 시간을 '시(時) 분(分)'으로 말하기도 하지만 '분(分) 시(時)' 이렇게 반대로 말하는 경우도 있는데요.
간단한 단어 past(after), to(before), quarter, half만 익힌다면 쉽게 사용할 수 있답니다.

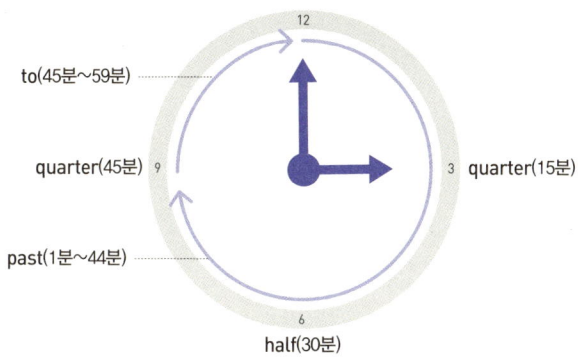

01:05	five	past(after) one
02:10	ten	past(after) two
03:15	quarter	past(after) three
04:20	twenty	past(after) four
05:25	twenty-five	past(after) five
06:30	half	past(after) six
07:35	thirty-five	past(after) seven
08:40	forty	past(after) eight
09:45	quarter	to(before) nine
10:50	ten	to(before) ten
11:55	five	to(before) eleven
12:00	twelve o'clock	
01:58	two	to(before) two

간단한 시간이라도 더듬지 않고 정확하게 말하려면 많은 연습이 필요할 거예요. 연습할 겸 아래 빈칸에 시간을 읽는 2가지 방법을 모두 써보도록 하세요.

01:05 _____ _____

02:10 _____ _____

03:15 _____ _____

04:20 _____ _____

05:25 _____ _____

06:30 _____ _____

07:35 _____ _____

08:40 _____ _____

09:45 _____ _____

10:50 _____ _____

11:55 _____ _____

12:00 _____ _____

01:58 _____ _____

전화와 관련된 표현

1. What is your phone number?
2. Can I have your phone number?

이 두 문장은 전화번호를 물어볼 때 사용되는 문장입니다.
두 문장에는 강세가 있는 단어는 없습니다. 신기하죠?

전화번호를 말할 때, 0(zero)는 알파벳 "o"라고 읽어도 되며, 같은 숫자가 2개 있을 경우에는 앞에 "double"을 붙여서 읽을 수 있습니다. 같은 숫자가 3개 있을 경우에는 "triple"을 붙이고요.
예를 들어, 88이면 "double eight", 555이면 "triple five"라고 하면 된답니다.

또한 전화번호 숫자를 말할 때 하나씩 끊어 읽기보다 연음처리 해서 읽으면 더욱 부드럽겠죠? 연음처리 하는 방법 중 하나는 숫자와 친해져야 합니다.

다시 말해 1~100까지 최대한 많이 반복연습하시면 된답니다.

456-7987

"four five six seven nine eight seven"이라고 읽으면 됩니다.

788-1225

"seven eight eight one two two five"라고도 하지만,
"seven double eight one double two five"라고도 한답니다.
두 가지 표현 모두 잘 알아 두어야겠죠?

594-7788

물론 "five nine four seven seven double eight"라고 말해도 되고요.

456-2230

"four five six two two three zero"라고 해도 되고,
zero를 알파벳 "o"라고 해도 된답니다.

555-4489

"five five five four four eight nine"이라고 해도 되고,
555를 "triple five"라고 해도 되겠죠?
즉, "triple five double four eight nine"이라는 표현도 가능합니다.

전화번호를 읽는 것은 매우 간단하고 쉽지만, 유선상으로 상대방이 전화번호를 빨리 말한다면 받아 적기가 그리 쉽지 않을 수 있습니다.

외국인이 전화번호를 빨리 말해도 받아 적을 수 있을 만큼 충분히 연습해야겠죠?

전화번호를 읽는 법도 소리 내서 읽어도 보고 써보기도 해요.
아래 빈칸에 전화번호 읽는 법을 모두 써보고 소리 내서 읽어보세요.

456-7987

159-7569

788-1225

594-7788

456-2230

501-4450

555-4489

200-7894

500-4562

505-1231

684-3214

789-2200

415-6633

그 외 다양한 숫자 표현

먼저 아래 단어들을 소리 내서 읽어 보시기 바랍니다.
기본적인 단어들이지만 다시 한 번 꼭 확인하고 넘어가세요.
혹시라도 모르시는 분들은 영어사전에서 찾아서 발음기호를 써보시면서
발음연습을 해보시기 바랍니다. 대신 구글에서 찾아보세요
한국 사이트에서의 발음기호가 다른 것을 비교해 봐도 재미있답니다.

January(1월)   July(7월)

February(2월) August(8월)

March(3월)   September(9월)

April(4월)   October(10월)

May(5월)   November(11월)

June(6월)   December(12월)

그럼 이번엔 다들 알고 있는 간단한 표현이지만, 실제로 자주 쓰이는 표현들을 살펴볼까요?

"생일이 언제인가요?"는 "When is your birthday?"라고 하죠.
가령, 생일이 2월 7일이라면 "February seventh" 또는 "seventh of February"라고 대답하면 됩니다.

그런데 가끔 생년월일을 물어봐야 할 때가 있죠?
그때는 "What is your date of birth?"라고 물어보면 됩니다.
이에 대한 대답은 어떻게 할까요?
만약 생일이 1999년 2월 7일이라면,
영국식으로는 "the Seventh of February nineteen ninety nine" 또는 The 7th February 1999"이라고 하고,
미국식으로는 "February (the) seven, nineteen ninety nine" 또는 "February the 7th 1999"이라고 하면 됩니다.

마지막으로 사칙연산과 분수를 영어로 읽는 법을 알아볼까요?
1 + 2 = 3

One and two are three.
One plus two equals three.

4 − 2 = 2

Two from four leaves two.
Four minus two equals two.

$5 \times 6 = 30$

Five times six is thirty.

Five multiplied by six equals thirty.

$8 \div 4 = 2$

Eight into four goes two.

Eight divided by four equals two.

1/2   a half

1/3   one-third

1/4   a quarter(one-fourth)

2/6   two-sixth

3/4   three-quarters

2/3   two-thirds

04
완벽한
원어민 발음
구사하기

관사 앞에, 전치사 앞에
배운 대로 읽어보자

관사 앞에,
전치사 앞에

지금까지 영어회화를 위한 최소한의 기초인 영어발음을 배웠습니다. 이제 본격적으로 영어회화를 위한 공부를 시작할 텐데요.

우리는 많은 영어회화책을 접했지만, 막상 외국인과 대화하면 "How are you?", "I'm fine thank you and you?", "Where are you come from?", "I come from Korea.", "Where do you live?", "I live in Seoul." 정도로 대화가 그치는 경우가 대부분이죠.

한국에서는 영어를 사용할 일이 많지 않아 반복이 필요한 언어 교육이 어려운 것이 사실입니다. 게다가 하루하루 바빠 살고 있는 우리에게는 시간을 내서 영어학원을 다니거나 레슨을 받는 건 꽤나 많은 인내를 필요로 하죠.

하지만 분명히 알아야 할 것은, 무엇을 하든 시간이 날 때 하는 것이 아니라, 시간을 정해놓고 해야 한다는 것입니다.

우리가 아침, 점심, 저녁을 제시간에 꼬박꼬박 챙겨 먹듯, 영어를 배우든 다른 무엇을 배우든 같은 시간에 일정 시간을 꾸준히 해야 합니다. 그러한 열정이 없다면 영어뿐만 아니라 그 무엇도 제대로 할 수 없다는 것은 당연한 진리일 것입니다. 부디 마지막까지 배운 것들을 잘 기억하고 입으로 소리 내서 연습하며 함께 해주시기 바랍니다.

영어 문장 어떻게 읽는 것이 좋은 방법일까요?
그냥 쭈욱 읽으면 되는 걸까요?

제가 초등학교 1학년이었을 때, 선생님은 저희들에게 한 명씩 자리에서 일어나 국어책을 읽게 하셨습니다. 그러면 학생들은 빨리 읽는 게 최고인 양 마치 한 문장을 한 단어처럼 급하게 쉬지 않고 읽었던 기억이 납니다. 그것도 아주 큰 소리로요. 그렇게 얼굴이 빨개질 정도로 숨도 쉬지 않고 읽었던 바른 생활 교과서…… 다 읽고 난 후에도 뭐라고 읽었는지 잘 기억이 나지 않았죠.
뭐가 문제였을까요? 빨리 읽기에 급급해 문장을 이해하면서 읽지 않은 것이 문제였겠죠? 영어도 마찬가지입니다. 아무리 성인이라도 문장을 이해하면서 읽지 않는다면, 초등학교 1학년 학생이 읽는 것과 큰 차이가 없습니다.
다시 말해, 문장을 이해하면서 읽어야 한다는 말이죠.
끊어 읽기가 법적으로 정해져 있는 것은 아닙니다.
제가 한 가지 쉬운 방법을 알려드리도록 하겠습니다.

예를 들어, "평재는 지난 주말에 스페인어 공부를 했다."를 영어로 하면, "Pyungjae studied Spanish last weekend."입니다.

다시 말해, "Pyungjae studied Spanish"로 문장이 성립됐으니 여기서 한 번 끊어 읽으면 됩니다.

그 다음에 디저트인 "last weekend"를 넣어주면 부드럽고 자연스럽게 영어 문장 읽기가 마무리됩니다.

여기서 중요한 포인트 하나!

"Pyungjae studied Spanish" 이 문장을 3개의 단어로 보지 마시고, 하나의 단어로 "PyungjaestudiedSpanish"라고 읽되, 각 단어의 강세를 지키며 읽으면 됩니다.

따라서 5개의 단어로 만들어진 문장이 "PyungjaestudiedSpanish lastweekend."처럼 2개의 단어로 만들어지겠죠?

한 문장 더 읽어볼까요?

The ugly duckling arrived at the lake to take a rest.

영어는 주어 다음에 동사가 나타납니다.

다시 말해 미운 오리새끼는 도착했다.

따라서 "The ugly duckling arrived"에서 살짝 끊어주면 되겠죠?

어디에 도착했을까요? "At the lake"이네요.

왜 왔을까요? "To take a rest."

총 11개의 단어로 이루어진 문장은 크게 3개로 만들어지는 것입니다.

"Theuglyducklingarrived atthelake totakearest."

이렇게 읽으시면 되겠죠?

여기서 중요한 것은 단어의 강세를 잊지 말아야 한다는 것입니다.

[ði|ʌgli|dʌklɪŋə|raɪvd ætðəleɪk tuːteɪkərest]

이렇게 발음하면 되겠죠?

그런데 몇몇 분들은 this that the 등을

그냥 "디스, 댓, 더"라고 발음을 하시는 분들이 계신데요.

결코, "디스, 댓, 더"가 아니라는 걸 이 자리에서 확인하고 알려드리고 싶습니다.

네. 압니다. 한국에선 그냥 "ㄷ, d" 발음으로 하면 된다는 것을 그러나 독자님들이 이 책을 읽고 있는 이유는 목적이 있으신 분들이시죠?

This [ðɪs], that [ðæt], the [ðə;ði]

보시다시피 단어들의 발음기호는 전부 위에서 설명했던 돼지꼬리 발음입니다.

Dis [dɪs] 우리가 말하던 this의 발음은

디스 = Dis [dɪs]는 "격멸하다"라는 뜻이 있는 것이죠.

다른 단어의 잘못된 발음은 굳이 설명할 필요도 없겠죠?

그럼 다시 본론으로 넘어가서,

관사 a, an, the는 명사 앞에 붙어 다니는 아이들이죠.

그냥 껌딱지 같은 존재랍니다.

그래서 명사와 같은 위치에 있는 것이 아니라는 것이죠.

다시 말해, Theuglyducklingarrived처럼 읽는 것이 아니라,

"Theuglyducklingarrived"처럼 the를 작게 소리 내서 읽으면 된다는 것이죠.

그 다음은 at the lake인데요. The가 또 나왔죠?

위의 설명처럼 atthelake라고 읽으면 된답니다.

마지막으로 to take a rest가 있죠?

이 또한 totakearest처럼 읽으면 된다는 것이죠.

이번엔 다 붙여서 소리 내서 읽어 볼까요?

리듬을 주세요. 강세에는 바운스를 주시고요.

Theuglyducklingarrived/atthelake/totakearest.

다음부턴 the나 a, an이 나오면 이처럼 작게 소리 내서 하는 연습을 많이 해보도록 하세요.

가족

여러분의 부모님들이 항상 이렇지는 않았고,
여러분이 태어난 후부터 (부모님이) 이렇게 변했을 뿐이다.

Your parents weren't always like this,
they only became this way after you came along.

– 빌 게이츠(Bill Gates) 마이크로소프트의 창업자 –

배운 대로 읽어보자

자, 이제 드디어 지금까지 배웠던 모든 것들을 활용해 읽어볼 시간이 왔네요. 녹음할 준비하시고 처음 녹음했을 때처럼 큰 소리로 읽어 보시기 바랍니다. 지금까지 배운 것들을 상기하면서 하나씩 읽어 볼까요?

소리 내서 연습해 보세요.

A B C D E F
G H I J K
L M N O P Q
R S T U
V W X Y Z

rugby [rʌ́gbi]
rabbit [rǽbit]
rain [réin]
read [ríːd]
red [réd]

later [léitər]
love [lʌ́v]
lake [léik]
like [láik]
left [left]

page [péidʒ]
paper [péipər]
park [páːrk]
pink [píŋk]
pride [práid]

face [féis]
far [fáːr]
finger [fíŋgər]
flower [flàuər]
fun [fʌ́n]

victory [víktəri]
very [véri]
visit [vízit]
video [vídiòu]
violin [váiəlín]

bank [bǽŋk]
band [bǽnd]
base [béis]
bear [bɛ́ər]
book [búk]

1. The ugly duckling arrived at the lake to take a rest.

2. She started boiling mushroom porridge for dinner.

3. The girl came back home very angrily, so they hid behind a curtain very quickly.

4. My brother can speak 5 different languages perfectly.

5. She returned to the restaurant because she left her family's return tickets to Italy for their holiday.

6. Suddenly, the giraffe and the elephant started running, because mice were following them.

7. Finally, my uncle's friends left from my father's building.

8. We heard on the grapevine that you are going to buy a trillion brilliant grapevines.

9. Please do not leave a footprint in the snow, even a fingerprint.

10. I have to get a DVD instead of a video tape, because I don't have a video player anymore.

11. I like the color purple, so I enjoy drinking purple coffee and vinegar flavored chips.

12. My girlfriend's great grand mother's birthday is the fifth or the sixth of February, probably.

지혜

좋게 만들 수 없다면 적어도 좋아 보이게 만들어라.
If you can't make it good, at least make it look good.

- 빌 게이츠(Bill Gates) 마이크로소프트의 창업자 -

사랑하는 독자 여러분 어떠셨나요?

처음 녹음했을 때와 달리 조금은 안정적이고 성숙된 발음이 만들어졌나요? 그렇다면 저는 그것으로 보람을 느낍니다. 그리고 수고하셨습니다.

우리가 지금까지 배운 것은 빙산의 일각이겠죠?

발음이 좋아졌다고 너무 좋아하시면…… 음…… 지금은 충분히 좋아하셔도 될 것 같네요. 수십 년 동안 바꾸지 못했던, 여러분의 영어발음이 이 책을 통해 바꿔었다면 말이죠.

그렇다고 너무 자만하지 마시고, 다시 한 번 그리고 또 다시 한 번 읽어보시고 머리로가 아닌 몸으로 익히는 연습을 하시기 바랍니다.

한마디 더하자면, 그놈의 영어가 뭔지, 너도 나도 영어를 배우고 높은 점수를 받으려 하고, 또 좋은 영어발음을 구사하려고 엄청난 노력을 하는 거 잘 알고 있습니다.

그러나 여기서 중요한 것은 한국어가 그 어떤 언어보다 대단하고 엄청난 것이라는 점은 변함이 없습니다.

어쩌면 일본어가 신라시대의 문자로 만들어졌을지도 모르고, 영어 또한 한국어에서 만들어진 언어일지도 모른다는 것이죠.

제가 엄청난 비밀을 하나 알려드리겠습니다.
예를 들어,
우리가 배웠던 B(읍비), D(읃디), G(읏쥐) 등을
거꾸로 읽으면 비읍, 디읃, 쥐읏같이 된다는 것을요.

우리의 언어 한국어는 이미 모든 국가의 언어를 구사할 수 있도록 과학적이고도 대단한 언어로 만들어져 있다는 것은 틀림이 없을 것입니다.

사랑하는 독자 여러분.
우리는 자랑스러운 한국인이며, 한국어를 구사할 수 있는 대단한 민족임에 자부심을 느끼시길 바랍니다.
언젠간 한국어가 세계 공통어가 되길 바라며……

그럼 2권에서 다시 만나 뵙도록 하겠습니다.
좋은 발음으로 영어회화를 하는 것이 목표인데, 설마 발음만 다루는 1권으로 끝날 거라고 생각하시는 건 아니죠?
가능한 한 빨리 둘째가 나오길 바라며 1권을 마치겠습니다.
다시 한 번 고개 숙여, 감사드립니다.

생각

사람들에게 문제점을 보여주고 해결방식을 제시하면
사람들이 실천에 옮기리라 믿는다.

*I believe that if you show people the problems and
you show them the solutions they will be moved to act.*

− 빌 게이츠(Bill Gates) 마이크로소프트의 창업자 −

EPILOGUE

2007년 초부터 약 10년이라는 긴 시간 동안, 쇳덩어리를 검으로 만들 듯 끝없는 담금질 끝에 본서가 세상의 빛을 보게 되었습니다.

책 제목 때문에 엄청난 고민도 했었습니다.
수십 개의 제목을 나열해 놓고 고르고 또 골라봤습니다.
"수준 이하의 제목이다"라는 말도 들었습니다.

아무리 봐도 이 제목을 대신할 만한 것은 없었습니다.
너무나도 뻔한 제목들, 줄지어 똑같은 곳을 향해 가는 그런 것은 저와 맞지 않았습니다. 새로운 도전, 색다름, 창조, 전 이런 단어들이 좋습니다. 어쩌면 지금까지의 영어 교육이 잘못되었다고, 딱 꼬집어서 말하는 이 책 한 권이 대한민국 국민의 영어발음을 바꿀 수 있는 계기가 될 수도 있을 것이고, 수준 이하의 책이라고 비난을 받을 수도 있을 거라 생각됩니다.

지구가 둥글다고 주장했던 사람처럼요…….
그래서 수년간 마음을 잡지 못해 펜대를 놓기도 했습니다.
책 내는 것을 포기하려고도 했습니다. 그러나 지인 몇 분의 진심 어린 채찍질이 제 마음을 움직였고 다시 힘을 내었답니다.

한 번은 말투를 전부 바꾸는 작업도 했습니다.

5살이 되신 독자님들을 위해 너무나도 쉽게 풀어 쓰는 것이 제일 힘들었었고, 컴퓨터에 문제가 있는지 저장도 안 되기도 했습니다. 출판사에 교정한 것을 보냈는데, 교정 전의 파일로 간 적도 너무 많았습니다. 그렇게 엄청난 우여곡절 끝에, 이 책이 나오게 되었습니다.

마지막으로 이 책이 세상의 빛을 볼 수 있게끔 옆에서 응원과 잔소리를 아낌없이 해주셨던 많은 분들께 깊은 감사의 말씀을 드리고 싶습니다.

감사합니다. 그리고 여러분 모두를 사랑합니다.